हिन्दी सराय : अस्त्राखान वाया येरेवान

हिन्दी सराय
अस्त्राखान वाया येरेवान

पुरुषोत्तम अग्रवाल

राजकमल प्रकाशन
नयी दिल्ली पटना इलाहाबाद

ISBN : 978-81-267-2390-4

मूल्य : ₹ 395

पहला संस्करण : 2013

प्रकाशक : राजकमल प्रकाशन प्रा.लि.
1-बी, नेताजी सुभाष मार्ग, दरियागंज
नई दिल्ली-110 002

शाखाएँ : अशोक राजपथ, साइंस कॉलेज के सामने, पटना-800 006
पहली मंज़िल, दरबारी बिल्डिंग, महात्मा गांधी मार्ग, इलाहाबाद-211 001

वेबसाइट : www.rajkamalprakashan.com
ई-मेल : info@rajkamalprakashan.com

आवरण : राजकमल स्टूडियो

मुद्रक : बी.के. ऑफसेट
नवीन शाहदरा, दिल्ली-110 032

HINDI SARAY : ASTRAKHAN VAYA YEREVAN
by Purushottam Agrawal

बयान शुरुआती

आगे के चन्द पन्नों में जो सफरनामा आप पढ़ने जा रहे हैं, वह यात्रा-वृत्तांत तो है ही, विचार-यात्रा वृत्तांत भी है; ट्रैवेलॉग तो है ही, थॉटलॉग भी है। वैसे तो, हम-आप जानते ही हैं, समूचा जीवन ही यात्रा भी है और विचार-यात्रा भी। इसी यात्रा के एक दौर का यह बयान आपकी खिदमत में पेश है।

मेरा अस्त्राखान पहुँचना न तो संयोग था, न किसी सेमिनार के न्यौते का नतीजा, न घूमने-फिरने की इच्छा का परिणाम। यह यात्रा बुनियादी तौर से शोध के लिए की गई यात्रा थी, जिसमें अपने शोध सम्बन्धी सवालों में से कुछ के जवाब तो मिले ही, बहुत कुछ और भी मिला।

'अकथ कहानी प्रेम की : कबीर की कविता और उनका समय' लिखने के बहुत पहले से, नेहरूजी की 'डिस्कवरी ऑफ इंडिया' और राहुलजी के 'मध्य एशिया का इतिहास' के कारण कहीं ध्यान में तो था ही कि रूस में, वोल्गा तट के अस्त्राखान नगर में भारतीय व्यापारी बसे हुए थे। 2009 में 'अकथ कहानी प्रेम की' लिखने के दौरान पढ़ा जैक गुडी की किताब, 'दि ईस्ट इन दि वेस्ट' में, फिर ऑक्सफोर्ड यूनिवर्सिटी प्रेस के 'इन्सायक्लोपीडिया ऑफ इंडियन डायस्पोरा' में कि रूस के अस्त्राखान शहर में भारतीय व्यापारियों की गुलजार बस्ती थी, रूस के विदेश-व्यापार में अच्छा-खासा दखल था, मॉस्को में भी इन व्यापारियों की अच्छी-खासी मौजूदगी थी, जार के दरबार में प्रभाव था।

बस, उसी समय तय कर लिया था कि अस्त्राखान जाना जरूर है जल्दी से जल्दी। किताबों में पढ़ी गई बातों की पड़ताल करनी है, उनके ऐतिहासिक अर्थ समझने हैं, अस्त्राखान में मौजूद दस्तावेजों से गुजरना है। साथ ही देखने हैं यहाँ के सड़क-मोहल्ले...सुननी हैं यहाँ की अपनी लोक-स्मृतियाँ और किंवदंतियाँ। पहुँचना है उस हिन्दी सराय तक जो सत्रहवीं सदी में हिन्द से आनेवाले व्यापारियों के लिए बनाई गई थी। हिन्दी सराय तक पहुँचने के इस सपने को पूरा करने में सबसे बड़ी बाधा यह थी कि रूसी तो आती नहीं, और अंग्रेजी अभी भी मॉस्को तक में हर कोई नहीं बोलता, तो फिर अस्त्राखान जैसे प्रान्तीय नगर में क्या करूँगा जाकर, बिना रूसी जाने!...इस घड़ी याद आए एक अलग तरह के नान-रेजिडेंट इंडियन, मॉस्को निवासी कवि मित्र अनिल जनविजय।

और साहब, जय हो फेसबुक की कि कई और बरसों के बिछुड़े दोस्तों की तरह अनिल भी फेसबुक पर ही मिल गए थे। उनके साथ संवाद बन गया था, गप्पें लगती रहती थीं, उनसे अनुरोध किया कि मेरे साथ चलें अस्त्राखान। अनिल ने बात रख ली और मॉस्को से साथ हो लिये। और मुझे अस्त्राखान में कदम रखते ही, पहले दस मिनट में ही समझ आ गया कि अनिल साथ न होते तो मेरी दशा यहाँ वैसी ही होनेवाली थी जैसी कि तिलिस्म-ए-होशरुबा में किसी अंग्रेजीदाँ की हो सकती थी...गोया सड़क-सड़क, इमारत-इमारत रोते-गाते घूमना पड़ता—'मैं भी मुँह में जबान रखता हूँ, काश, पूछो कि मुद्दआ क्या है...'

संयोग ऐसा बना कि अस्त्राखान यात्रा के साथ येरेवान यात्रा बोनस में मिल गई। सितम्बर महीने में येरेवान में कोई बीस देशों से लोक-सेवा आयोगों का सम्मेलन होना था, आरमीनिया के लोक-सेवा आयोग से न्यौता आने पर अपने संघ लोक-सेवा आयोग का प्रतिनिधित्व करने की जिम्मेवारी

मुझे सौंप दी गई। यह सम्मेलन हुआ सात से नौ सितम्बर तक। मैंने तय किया कि इस सम्मेलन के बाद ही दो-तीन दिन के लिए अस्त्राखान भी चला जाऊँ। दो-तीन दिन ही हो सकते थे, क्योंकि अब वह सुख कहाँ कि साल में तीन महीने की छुट्टी हो और मन-माफिक घूमें, फिरें, पढ़ें-लिखें। अब तो साल भर में इनी-गिनी ही छुट्टियाँ हैं हाथ में। जितना देख सकें, जान सकें, इन्हीं दो-तीन दिन में करना है।

येरेवान होते हुए अस्त्राखान की हिन्दी सराय तक पहुँचने का यह सफर सितम्बर, 2011 की छठी से लेकर तेरहवीं तारीख तक चला।

सोवियत संघ के दौर में कभी इन देशों की तरफ आया नहीं था। विघटन के बाद, एक बार, बस एक रात मॉस्को में बितानी पड़ी थी, एयरोफ्लोट की कृपा से, फ्रेंकफुर्ट से दिल्ली आते हुए मॉस्को में हवाई-जहाज बदलना था। एयरोफ्लोट ने उस शाम हवाई जहाज में बिठाने की बजाय होटल नोवोटेल पहुँचा दिया था। सोवियतोत्तर काल का आरम्भ होने के बाद कोई बीस बरस बाद, आरमीनिया और रूस की इन यात्राओं ने भारत के इतिहास के बारे में जारी मेरी शोध के लिए उपयोगी सामग्री तो दी ही, और भी बहुत कुछ दिया, सोचने के लिए।

हिन्दी सराय : अस्त्राखान वाया येरेवान का यह सफर सम्भव और सार्थक बनाने के लिए आभारी हूँ नेवटिया फाउंडेशन के श्री सुरेश नेवटिया का।

आभारी हूँ आरमीनिया में भारत के तत्कालीन राजदूत श्री अचल कुमार मल्होत्रा का। आभारी हूँ भारतीय राजदूतावास में काम कर रहे श्री अरूप गायन का और भारतीय दूतावास में तो नहीं, लेकिन उसके लिए काम करनेवाले आरमेन का।

आभारी हूँ, हिन्दी साहित्य की विदुषी गायाने आग़ामालयान का। येरेवान में उनसे मुलाकात तो बहुत कम देर की थी, लेकिन मदद लगातार हासिल होती रही है।

आभारी हूँ अस्त्राखान की क्रुप्सकाया लाइब्रेरी की जोया अलेग्जेंड्रोवना का, जो अस्त्राखान की क्रायवेद (स्थानीय इतिहासविद्) भी हैं, और जिन्होंने इतने उत्साह के साथ जानकारी दी, किताबें दिखाईं, अन्य स्थानीय विद्वानों से मिलवाया।

पेशे खिदमत है यह सफरनामा–हिन्दी सराय : अस्त्राखान वाया येरेवान का!

अनुक्रम

बयान येरेवान

1 'मैं रक्तरंजित अनाथ कवि...'

येरेवान—आरमीनिया की राजधानी; येरेवान—कवि येग़िशे चारेंत्स का नगर...

चारेंत्स जो आरमीनिया का देश है। जी नहीं, वाक्य गलत नहीं छपा है, मैंने यही लिखा है—कवि चारेंत्स आरमीनिया का देश है। आरमीनिया तो चारेंत्स का देश खैर है ही। लेकिन कवि चारेंत्स की कविता ऐसा विस्तार है, जिसमें आरमीनिया की सांस्कृतिक स्मृतियों के मिथकीय पाठ भी निवास करते हैं, ऐतिहासिक भी। चारेंत्स की कविता के विस्तार में, आरमीनिया के सुख-दुःख भी रहते हैं, और आशाएँ, आकांक्षाएँ और आशंकाएँ भी। वहाँ अतीत की यातनाएँ भी रहती हैं और वर्तमान की चुनौतियाँ भी। चारेंत्स की कविता में आरमीनिया की जातीय स्मृतियों के साथ ही देश का भूगोल भी अपनी उन विभूतियों के रूप में, उन नदियों, पहाड़ों, पहाड़ियों के रूप में मौजूद है, जिनकी तादाद के बारे में मेरे ड्राइवर और दोस्त आरमेन ने कहा था मुझसे कि, हरेक को नाम देने लगें तो नाम कम पड़ जाएँगे। हालाँकि उनकी और मेरी मित्र गायाने को इस बात पर आपत्ति है। उनका कहना है कि आरमीनियाई भाषा बहुत समृद्ध है, आरमीनियाई लोग हरेक जगह को नाम देते ही आए हैं, देते रहेंगे।

पश्चिमी दुनिया अभी तक अठारहवीं-उन्नीसवीं सदी में हुए औपनिवेशिक विस्तार में निहित जातिनाश और होलोकास्ट

को तो नहीं स्वीकारती, हाँ, बीसवीं सदी के बारे में उस दुनिया की यह आम राय है कि बीसवीं सदी और चीजों के साथ जेनोसाइड और होलोकास्ट की भी सदी थी। लेकिन इस मामले में भी, उस दुनिया के ध्यान में हिटलर ही रहता है। आरमीनिया ने जेनोसाइड और होलोकास्ट पहले महायुद्ध के दौरान ही झेला था। तुर्की के ओटोमन साम्राज्य ने बीसवीं सदी के दूसरे दशक में जबरिया विस्थापन; व्यवस्थित नरसंहार और बलात्कार के जरिये कोई पन्द्रह लाख आरमीनियाई मौत के हवाले कर दिये थे। बौद्धिकों के सफाए पर खास ध्यान दिया गया था।

कमाल पाशा की क्रान्ति के बावजूद, कोई सौ साल बाद भी, तुर्की की सरकार ने आज तक यह नहीं माना है कि ओटोमन शासन-काल में आरमीनिया में जातिनाश या नरसंहार जैसा कुछ हुआ था। आरमीनियाई सरकार ने बाकायदा अभियान चला रखा है कि दुनिया 1915 के जातिनाश को जातिनाश की तरह स्वीकार करे। इस अभियान को किसी हद तक सफलता मिली भी है, चालीसेक देशों और संगठनों ने मान लिया है कि ओटोमन साम्राज्य ने आरमीनिया में जेनोसाइड किया था। तुर्की की सरकार से भी आग्रह जारी है कि वह इस तथ्य को आधिकारिक रूप से स्वीकार करे। यह आग्रह अभी तक तो विफल रहा ही है, भविष्य में भी इसकी सफलता की उम्मीद कम है।

1897 में जन्मे चारेंत्स ने यह नरसंहार देखा और जाना था। अठारह साल के नौजवान के तौर पर, मुक्ति-सेना में वालंटियर भी बने थे। फिर वे सोवियत क्रान्ति के सिपाही बने। 1917 की अक्टूबर क्रान्ति के बाद, 1921 में चारेंत्स ने फिर हथियार उठाए—इस बार सोवियत क्रान्ति की रक्षा के लिए, 'प्रति-क्रान्तिकारी' आरमीनियाइयों के विरुद्ध लड़ने के लिए। लेकिन, जब स्टालिन ने शुद्धीकरण आरम्भ किया, तो यह सब चारेंत्स के काम नहीं आया। 1937 में, 27 जुलाई के दिन वे, और फिर 23 नवम्बर के दिन उनकी पत्नी गिरफ्तार कर ली गई। कुछ ही दिन बाद दोनों की मौत जेल के अस्पताल में हो गई। कैसे हो गई, इस बारे में तरह-तरह की बातें हैं। कोई कहता है, दोनों को गोली मार दी गई। कोई कहता है कि चारेंत्स डिप्रेशन में दीवार से सर टकरा-टकराकर मर गए। 1930 में अपने मित्र मॉयकोवस्की की आत्महत्या के बाद से बहुत परेशान रहने लगे थे। कोई कहता है, 'स्वाभाविक' मृत्यु को प्राप्त हुए।

कोई पक्के तौर से नहीं जानता कि कैसे मरे और कोई नहीं जानता कि कहाँ दफ़्न किए गए । 'लौहपुरुष' (स्टालिन) के पतन के बाद, अन्य बहुत से लेखकों की तरह चारेंत्स को भी 'पुनर्वास' का सुख मिला—बाद मरने के ही सही, 'उनका' पयाम आया...

पहले ओटोमन साम्राज्य के अत्याचार, और फिर स्टालिन के अत्याचार ही नहीं, कम्युनिस्ट व्यवस्था से मोहभंग की भी पीड़ा आरमीनिया की चेतना में पैबस्त सबसे गहरा दु:ख है। यह दु:ख वहाँ के हर कवि की आवाज में बोलता है, लेकिन चारेंत्स की कविता तो परिभाषित ही होती है, इस दु:ख से।

जो कविता अपनी भाषा को आवेग और अपने समाज के दु:ख को शब्द दे, और नाउम्मीदी के बावजूद उम्मीद करने से बाज न आए, ऐसी कविता प्रार्थना के शिल्प में हो या न हो, प्रार्थना-सी आर्त्त, विश्वास-भरी पवित्रता तो हासिल कर ही लेती है। प्रमाण देते हैं, चारेंत्स की एक कविता के ये कुछ शब्द(अंग्रेजी से अनूदित, मेरे ही द्वारा):

होऊँ कहीं भी, उतरेंगे नहीं स्मृति से अपने देश के दुख भरे गीत
कभी नहीं भूलूँगा लौहाक्षरों में लिखी वे किताबें अपने देश की,
जो बन गई हैं प्रार्थना-संगीत
हमारे ये हरे, गहरे घाव कितना भी छेदें कलेजा मेरा
मैं रक्तरंजित, अनाथ कवि प्यार करता हूँ तुझे, आरमीनिया, प्रिया।

चारेंत्स की जिन्दगी और मौत के बारे में जानना कविता की जिन्दगी और मौत के बारे में जानना है। साथ ही, वह अपने बारे में जानना भी है, और उस मिजाज के बारे में भी जो मिलान कुंदेरा के शब्दों में, 'शुरुआत करता है सुन्दर स्वप्नों को साकार करने के दावों के साथ, लेकिन इस शुरुआत की परिणति होती है दु:स्वप्नों के निर्माण में'।

1935 में जब चारेंत्स स्टालिन के शुद्धीकरण (पर्ज) की चपेट में आए, तो जितनी हो सकती थीं, उतनी अप्रकाशित कविताएँ चारेंत्स की मित्र रेगिना ने जमींदोज कर दीं। रूपक में नहीं, शब्दश: गाड़ दीं, ताकि उनकी भरी-पूरी 'अशुद्ध' जिन्दगियाँ, लेखकों, कवियों को मानवात्मा के इंजीनियर बताने वाले 'शुद्धात्मा' स्टालिन के शुद्धीकरण और सांस्कृतिक इंजीनियरिंग से बच जाएँ। स्टालिन-युग के बाद जब खोदकर वह बक्सा निकाला गया, तो कुछ कविताएँ देह-त्याग चुकी थीं। कवि की स्मृति तो कई मूर्त रूपों में बची हुई

है, लेकिन ये कविताएँ अब बस स्मृति-शेष ही रह गई हैं। जैसे कवि की, वैसे ही, इन कविताओं की भी, किसी कब्र तक का पता नहीं कि जहाँ जाकर इनसान चन्द आँसू बहा सके, फातेहा पढ़ सके।

चारेंत्स ही नहीं, और भी बहुतों की नियति गवाह है कि जो स्वतंत्रता के स्वप्न देखते हैं, उनके प्रतिनिधि होने के दावेदार उन्हें तथा दूसरों को स्वतंत्रता के सपने दिखाते-दिखाते स्वयं 'परम स्वतंत्र न सिर पर कोई' किस्म की सत्ता हथियाकर स्वतंत्रता के स्वप्नों को आतंक के भयावह दुःस्वप्न में बदल देते हैं। जीसस क्राइस्ट से लेकर कार्ल मार्क्स तक इस नियति से नहीं बच पाए। असंख्य लोगों के जीवन और सपनों की तरह चारेंत्स की कविताएँ भी इस ऐतिहासिक विडंबना के 'कोलैटैरल डेमेज' की शिकार हुईं...

मैं छह सितम्बर, दो हजार ग्यारह को येरेवान पहुँचा था, और सात सितम्बर को चारेंत्स के घर। जानता कुछ नहीं था, उनके बारे में, बस, मायकोवस्की जैसे 'फ्यूचरिस्ट' के तौर पर ही सुना-पढ़ा था। कोई परिचय नहीं था, चारेंत्स से, उनके घर पहुँचने के पहले।

लेकिन क्या सचमुच कोई परिचय नहीं रह गया था? छह सितम्बर को एयरपोर्ट से निकलते ही देखने योग्य स्थानों की ठेठ टूरिस्टी जिज्ञासा के जवाब में, टैक्सी चला रहे आरमेन के मुँह से, इरिबुनी, गारनी और एजमीआजीन के बाद चारेंत्स म्यूजियम का ही तो नाम निकला था। मेरा ही ध्यान नहीं गया था, इस बात पर। सात सितम्बर को, दोपहर बाद, चारेंत्स के घर हो आने के बाद, स्वाभाविक लगा था, लोक-सेवा आयोगों के सम्मेलन के उद्घाटन-समारोह में देश के बड़े अफसरों, मंत्रियों आदि का चारेंत्स के बारे में अपनेपन और लगाव के साथ बात करना।

जिस कवि को प्रधानमंत्री से लेकर टैक्सी-ड्राइवर (हालाँकि आरमेन वैसे ठेठ टैक्सी ड्राइवर हैं नहीं, बाकायदा डिग्रीधारी इंजीनियर हैं, लेकिन फिर भी...) तक अपना मानते हों, कैसा होगा वह कवि? बाद में, कुछ इसी तरह का रोमांचक अनुभव मार्च, 2012 में तिरुवंतपुरम में हुआ, जहाँ वैज्ञानिकों और बड़े अफसरों से लेकर ड्राइवर, दरबान तक वरिष्ठ कवि सुगता कुमारी का नाम अपनापे और गौरव के साथ ले रहे थे।

प्रधानमंत्री भवन में कार्यक्रम सात सितम्बर की शाम को था। दिन-भर बस येरेवान देखने का ही इरादा था। सुबह-सुबह जब होटल से आँवले के

मुरब्बे का नाश्ता करके आरमेन के साथ इरिबुनी के लिए निकले, तो उन्होंने तय कर रखा था—इरिबुनी, चारेंत्स आर्क, गारनी, गेग्हार्द मॉनेस्ट्री और आखिर में, चारेंत्स म्यूजियम। इरिबुनी से गारनी के रास्ते में पड़ता है चारेंत्स आर्च। कहते हैं कि यहीं से आरारात के शिखरों को देखकर चारेंत्स ने लिखा था :

देख लो चाहे सारी दुनिया घूमकर, न मिलेगा ऐसा पवित्र, धवल शिखर
प्यार करता हूँ अपने मासिस पर्वत से, जो है महिमा की कठिन डगर

जिन चट्टानों पर बैठ चारेंत्स ने दूर क्षितिज पर मासिस की पवित्र धवलता के काव्य-दर्शन किए थे, वहीं एक मेहराब का निर्माण कर आरारात के उस प्रेमी दर्शक के प्रति आरमीनिया ने अपना प्रेम जताया है।

चारेंत्स आर्च

जहाँ तक चारेंत्स के मासिस की बात है, यह तो कैमरे की पकड़ में आ गया कि चारेंत्स को इस जगह से आरारात का यह शिखर कैसा दिखा होगा, लेकिन शिखर-दर्शन में उन्होंने क्या-क्या देखा, यह मैं कैसे अनुमान करूँ?

हाँ, कुछ अनुमान किया जा सकता है, चारेंत्स की अपनी कविता से

गुजरते हुए। इस पर्वत को आरारात नाम जरथुस्त्रियों ने दिया था। आरारात माने आर्यपुत्र। आरमीनियाई भाषा की चेतना में तो यह सिस था, मासिस था। सिस माने अन्नपूर्णा और मा माने वही जो आप जानते हैं—माँ!

सो, इस जगह बैठे चारेंत्स माँ अन्नपूर्णा यानी प्रकृति यानी ऋतम्भरा के आरमीनियाई अवतार को देख रहे हैं। माँ की महिमा की कठिन डगर को निहार रहे हैं। शब्द दे रहे हैं। माँ आरमीनिया से जो दर्द-भरा प्यार कवि करता था, वह एक इसी में नहीं, उसकी कई कविताओं में बोलता है; और अपने कवि से जो प्यार आरमीनिया के लोग करते हैं, वह उस मंत्रजाप में बोल रहा था, जो आरमेन एकाएक करने लग गए थे—आर्च की एक दीवार पर किन्हीं इवान दि बॉस के दस्तखत देखकर। असल में 'दि' अंग्रेजी में नहीं, फ्रेंच में लिखा है इवान बॉस ने-'लि'...हो सकता है कि ये इवान रूसी इतिहास के उस दौर के इवानों से अपनापा महसूस करते रहे हों जिस दौर में रूसी इलीट की जबान फ्रेंच ही हुआ करती थी। वैसे, 'इवान लि बॉस' एक लोकप्रिय फ्रेंच गीत का नाम भी है। यह भी हो सकता है कि जो बाला इवान बॉस की चारेंत्स-आर्च यात्रा के ऐतिहासिक पल में उनकी संगिनी थी, वह फ्रेंचभाषी या फ्रेंच भाषा-प्रेमी रही हो!

यह खुराफात विश्वव्यापी है कि आप किसी ऐतिहासिक स्मारक पर जाएँ और अपने अमर-प्रेम की कथा, अपना और प्रेमिका का नाम, पधारने की तिथि के साथ दर्ज कर जाएँ। इन इवान साहब ने हो सकता है कि अपने बॉसत्व का गोदना मेहराब की इस दीवार पर गोदते हुए, रूपगर्विता, प्रेमगर्विता नायिका से ही फोटो भी खिंचवाया हो! मैं समझ तो गया ही कि आरमेन के अधरों से अस्फुट स्वरों में क्या मंत्रजाप निकल रहा है, फिर भी भाषांतर का आग्रह किया। आरमेन ने जो भाषांतर मेरे बहुत कहने पर झेंपते-झेंपते प्रस्तुत किया, उससे ज्ञात हुआ कि उस जाप में रूसी और आरमीनियाई भाषा की चुनिन्दा गालियों की जुगलबन्दी ही चल रही थी। हालाँकि स्थानीय वैशिष्ट्य अथवा आंचलिक मिट्टी की गंध जैसा इन गालियों में कुछ नहीं था, वे सर्वसमाज-मान्य गालियों का रूसी और आरमीनियाई संस्करण ही थीं...कल्पना आप कर ही सकते हैं।

सो, आरमेन द्वारा मेरे बोधार्थ किए गए अंग्रेजी भाषांतर का हिन्दी भाषांतर करना अनावश्यक ही है।

चारेंत्स मेहराब पर हम कुछ देर बैठे, तीर्थयात्री के भाव से। किसी भी तीर्थ या पवित्र स्थल से बस खड़े-खड़े वापस चल देना अपने संस्कारों में वैसे भी नहीं। बैठे, बार-बार निहारा मासिस शिखर को, उस चुप्पी को जो आरमेन के मन में, मेरे अपने मन में और सारे पर्यावरण में व्याप्त थी। अनजाने देश की अनजानी चिड़ियों की आवाजें और हवा के झोंकों के मद्धिम स्वर उस चुप्पी को जैसे करुण संगीत में बदल रहे थे।

वह संगीत चलता रहा हमारे साथ। चारेंत्स मेहराब से उतरकर, गारनी तक पहुँचने तक, न तो आरमेन के मुँह से एक भी शब्द निकला, न मेरे मुँह से।

गारनी से गए थे गेग्हार्द मॉनेस्ट्री, फिर दिन के आखिर में चारेंत्स के घर। इस घर में घूमते-घूमते मुझे एकाएक कासा दि फ्रीडा-फ्रीडा काह्लो का घर-याद आने लगा था। उस घर का आकर्षण मुझे मेक्सिको की हर यात्रा में वहाँ पहुँचा देता है। पहली बार गया था 5 मई, 2002 को, उसके बाद बार-बार। डेविड हैरान होता है, बोर भी...मगर मुझे बुलाता है फ्रीडा का घर, खींचता है, और मैं जाता हूँ...

ईजल पर टँगा कैनवास, सामने फ्रीडा की व्हील-चेयर, चौकोर साइड-टेबल पर पेंसिलें, रंग, कई आकारों के ब्रश, मिक्सर-बाउल्स...वे जैसे उस

चित्र पर काम कर ही रही हैं, बस उन्होंने अपने को अदृश्य बना लिया है ताकि आप व्यवधान न डाल सकें। वे कह रही हैं, 'आप घूमते रहिए मेरे घर में, मैं जरा यह चित्र पूरा कर लूँ। देखिए, बस लास्ट टचेज ही तो रह गए हैं...'

हमारी गाइड, उस नौजवान लड़की की उदास आवाज में, चारेंत्स की कविताओं की शहादत का बयान सुनते ही स्मृति में कौंध गई थी वह तस्वीर—वह आखिरी कैनवास जिस पर फ्रीडा काम कर रही थीं। फ्रीडा की अनुपस्थिति के सामने ईजल के सहारे उपस्थित वह उनका आखिरी, अधूरा चित्र एक पोर्ट्रेट है—स्टालिन का पोर्ट्रेट...

फिर तो याद आता चला गया वह सब जो अवचेतन के एलबम में बन्द था...फ्रीडा के उस घर की दीवारों पर लगी तस्वीरों, पेंटिंगों और फोटुओं में, कम्युनिस्ट आस्था की पंच पवित्रात्माओं में से एंगेल्स और लेनिन गायब से ही हैं। केवल एक जगह पाँच तस्वीरें एक साथ हैं—मार्क्स, एंगेल्स, लेनिन, स्टालिन और माओ। बाकी जगहों पर स्वयं मार्क्स के अलावा, जलवा स्टालिन और माओ का ही है...

बात समझ आती है। फ्रीडा के जमाने में ये दो छवियाँ ऐसे लौहपुरुषों की छवियाँ थीं, जिन्होंने पूँजीवादी शोषण और अश्लीलता के बरक्स 'नये समाज' का निर्माण कर दिखाया था। ऐसे समाज का जिसमें नये औद्योगिकीकरण का ही नहीं, नये मनुष्य का भी निर्माण करनेवाला इस्पात ढल रहा था। यह बात आरमीनिया में सभी लोग मानते हैं कि सोवियत सत्ता के पहले किसी सत्ता ने न पढ़ाई पर ध्यान दिया था, न स्वास्थ्य पर। सोवियत सत्ता के दौरान उपलब्ध रोटी, कपड़ा, मकान और दवा-दारू की गारंटी को लोग आज तक कसक के साथ याद करते हैं। सोवियत सत्ता आने के बाद आया बदलाव अभूतपूर्व था, लेकिन साथ ही अभूतपूर्व था वह दैनिक आतंक जिसमें लोग, 'गणशत्रु' होने के आरोप में, 'संदिग्ध सामाजिक तत्त्वों' से वास्ता रखने के आरोप में 'गायब' हो जाते थे। यह आतंक हर व्यक्ति को जैसे अदृश्य लोहे की जंजीरों से जकड़े हुए था, और जिसकी जकड़ दिनोंदिन बढ़ती जा रही थी। आखिरकार, स्टालिन शब्द का अर्थ ही होता है—लौहपुरुष...सोवियत संघ के इस लौहपुरुष का जन्म-नाम तो जोसफ ही था। स्टालिन नाम अपना लेने के पहले पिता और कुल का नाम सूचित करने वाले और दो शब्द जोसफ नाम के साथ लगते थे—विसारियोनिविच और सुगाशिविल।

येरेवान में, और बाद में अस्त्राखान में भी, सोवियत जमाने के कुछ पहलुओं के लिए कसक के बावजूद उस घुटन और आतंक से मुक्ति की राहत बार-बार महसूस की। कसक और राहत का यह खिंचाव किसी न किसी हद तक सब में है। जिन्होंने सोवियत जमाना देखा है, उनमें जाहिर है कि कुछ ज्यादा।

फ्रीडा 1954 में गुजर गई थीं। 1956 में सोवियत संघ की कम्युनिस्ट पार्टी की बीसवीं कांग्रेस में ख्रुश्चेव ने स्टालिन के 'कल्ट ऑफ पर्सनाल्टी' और उसके भयानक अत्याचारों का खुलासा किया, और यह हृदय-विदारक तथ्य सबको मानना पड़ा कि स्टालिन के अत्याचारों की खबरें कोरा पूँजीवादी-साम्राज्यवादी दुष्प्रचार या सिर्फ त्रात्स्कीपंथी कुंठा नहीं थीं। फ्रीडा सोवियत कम्युनिस्ट पार्टी के इस कनफेशन के पहले ही चल बसी थीं, लेकिन क्या उन्हें सचमुच कोई खबर या आशंका तक नहीं थी कि उनके मेक्सिको से इतनी दूर लौहपुरुष के अपने देश में क्या हो रहा है?

फ्रीडा के साथ जिनका जीवन भर लड़ने-झगड़ने और मुहब्बत करने का सम्बन्ध रहा, वे दिएगो रिवेरा भी जाने-माने पेंटर ही थे। कासा-दि-फ्रीडा में वे भी मौजूद हैं, फ्रीडा के साथ-साथ। लेकिन वे मेक्सिको सिटी के ही एक और म्यूजियम में भी मौजूद हैं-त्रात्स्की म्यूजियम में। स्तालिन के शुद्धीकरण अभियान के सबसे बड़े लक्ष्य तो त्रात्स्की ही थे, और रिवेरा ने मदद की थी त्रात्सकी की; जान बचाकर भागने में, मेक्सिको में बस जाने में। लेकिन क्रान्तिकारी शुद्धीकरण के लिए सागर और महाद्वीप नदी-नालों से ज्यादा हैसियत थोड़े ही रखते हैं, त्रात्स्की की हत्या होनी ही थी; हुई, रूस में न सही, मेक्सिको में सही।

मजे की बात यह कि हत्या के बाद रिवेरा ने कहा कि वे तो त्रात्स्की को मेक्सिको लाए ही इसलिए थे ताकि मेक्सिको त्रात्स्की की शरण-स्थली नहीं, पिंजरा साबित हो।

दोस्ती का क्या है, आनी-जानी है। शाश्वत है आस्था। दुनिया के बाद की दैवी दुनिया-स्वर्गलोक—में आस्था के लिए दोस्तों के प्राण लिये जा सकते हैं, तो इसी दुनिया में रचे जा रहे स्वर्गलोक में आस्था के कारण क्यों नहीं?

वैसे इस घटना का एक पाठ यह भी है कि रिवेरा की ओर से मामला विचारधारा के प्रति आसक्ति का कम, फ्रीडा के प्रति आसक्ति में प्रतिद्वन्द्वी-भाव का अधिक था। आखिकार, पॉलिटिकल इज पर्सनल। खैर।

एक ही समय में दो-दो स्थानों पर उपस्थिति संभव करा सकनेवाली कोई यक्षिणी तो मुझे सिद्ध नहीं, लेकिन फिर भी, जिस पल मैं चारेंत्स के घर में था, ऐन उसी पल फ्रीडा के घर में भी विचर रहा था। उनके आखिरी कैनवास के सामने खड़ा पूछ रहा था फ्रीडा से, 'लाखों लोग शुद्धीकरण के हवाले हो गए, चारेंत्स जैसे न जाने कितनों के शब्द दफ़्न कर दिए गए, और आप जैसे संवेदनशील कलाकारों की दुनिया इतनी उदासीन कैसे रह सकी?'

फ्रीडा और उनके जैसे हजारों संवेदनशील लेखकों, कलाकारों की कम्युनिस्ट आस्था में भौतिक और भौगोलिक दूरी सुविधा देती थी कि आप स्टालिन या माओ को अपने मन के निकट से निकट कर सकें। पूँजीवाद की अश्लीलता और भयावहता से अवसन्न मानवीय आत्मा को चाहिए इनसानियत में आस्था का आधार। सारी अवसन्नता के साथ, आपके पास पूँजीवादी व्यवस्था द्वारा उपलब्ध कराए गए इस चुनाव की सुविधा भी बनी रहती है कि आप उसकी आलोचना करते रहें। लेकिन यह सुविधा आपकी संवेदना पर लगातार हो रहे पूँजीवादी अश्लीलता के आक्रमणों का उपचार तो फिर भी नहीं है। इस वेदना का क्या करें? कहाँ खोजें इस वेदना की घुटन के बरक्स इनसानियत की संभावनाओं का आकाश?

दूरी...दूरी है कुंजी लौहपुरुष के प्रति अनुराग की। छवि और उसकी वास्तविकता के बीच दूरी...छवि की वास्तविकता से आपकी दूरी, जो छवि को वास्तविकता के स्पर्श से प्रदूषित होने नहीं देती। दूरी अवसर देती है कि अपने आसपास की सड़ाँध के प्रति घृणा और विरक्ति का अनुवाद लौहपुरुष के प्रति आस्था में कर लें आप और यह सुविधा भी देती है दूरी कि जब जी चाहे इस विरक्ति से ही विरक्त हो जाएँ, वर्तमान से भूतपूर्व क्रान्तिकारी में बदल जाएँ।

दूरी के इस आकर्षण को बनाए रखने के लिए ही स्टालिन की सत्ता सरीखी सत्ताएँ गोपनीयता और इतिहास के बारंबार 'पुनर्लेखन' पर इतना बल देती हैं।

गोपनीयता आस्था को आधार देती है।

कभी-कभी तो लगता है कि विवेक आस्था का विकल्प हो ही नहीं सकता। लेकिन, मन में सवाल यह भी आता है कि क्या विवेक और आस्था के बीच कुट्टी का भी कोई विकल्प नहीं? इस कुट्टी से ही तो शुरुआत होती है चुनी हुई चुप्पियों और चुनी हुई चिल्लाहटों की।

क्या यह बिलकुल ही नामुमकिन है कि विवेक और आस्था संवाद के

घर में साथ-साथ रह सकें?

जिसकी छवि चित्रकार फ्रीडा के ब्रश और रंग जीवन भर इतने लगाव से उकेरते रहे, जिसकी छवि वे जीवन के अंतिम पलों में भी आस्था के कैनवास पर जीवंत कर रही थीं, कवि चारेंत्स के शब्द उसी लौहपुरुष से भयाक्रांत होकर सदा के लिए समाधि लेने को विवश थे।

फ्रीडा को जो साँस की तरह सुलभ थी, लौहपुरुष से वह दूरी न चारेंत्स को सुलभ थी न उनकी कविता को। जिस छवि पर मुग्ध थी फ्रीडा की कला, उसकी वास्तविकता ने ही मजबूर किया था रेगिना को कि अपने मित्र, कवि चारेंत्स की कविताओं को जमींदोज कर दे।

चारेंत्स के घर में फोटो न ले सका था । लेकिन छवियाँ तो साथ हैं ही। गाइड के गर्व की छवि जब वह काँच के पीछे से झाँकती मायकोवस्की की चिट्ठी दिखा रही थी, 'चारेंत्स मुझसे बेहतर कवि है...' उसकी आँखों में मेरे बहाने भारत के प्रति दोस्ती और आदर के उस भाव की छवि, जब वह चारेंत्स की मेज पर रखा गांधार शैली का बुद्ध-शीर्ष दिखा रही थी; जब बता रही थी कि चारेंत्स गाँधीजी से भी बहुत प्रभावित थे।

एक अद्‌भुत तस्वीर है इस म्यूजियम में, जिसे मैं देखता रह गया था, न जाने कितनी देर। उस पर चारेंत्स द्वारा 24 जनवरी, 1936 को लिखी गई इबारत का अंग्रेजी अनुवाद सुनकर मुझसे न तो उस वक्त कुछ बोला गया, न उसे याद करते इस पल में कुछ लिखा जा रहा है। इस तस्वीर की प्रतिलिपि कुल एक घंटे की मुलाकात में बहुत अच्छी दोस्त बनी गायाने आग़ामालयान के सौजन्य से मुझे प्राप्त हुई है। यह तस्वीर चारेंत्स के मित्र और 1966 तक जीवित रहे मशहूर आरमीनियाई पेंटर अलेग्जेंडर बाजब्यूक मेलिक्यान का बनाया स्केच है। इस स्केच में चारेंत्स पद्मासन में ध्यानमग्न बैठे हैं। स्केच को, चित्रकार ने शीर्षक दिया है—'महात्मा चारेंत्स'।

कुछ शब्द स्वयं चारेंत्स ने भी लिखे हैं अपनी इस तस्वीर पर, अपने आपसे कुछ कहते हुए; और जो कहा है, वह गायाने के अनुवाद में इस प्रकार है :

> "तुम्हारी आत्मा अभी तक अनुभवरहित है, अभी तक तुम कमजोर हो, चारेंत्स। आत्मा को मजबूत करो। पुजारी, योग्य, सूर्य बनो, जैसे महात्मा गाँधी—प्रतिभासम्पन्न हिन्दुस्तानी...24.1.1936."

जनवरी, 1936 में, स्वयं को महात्मा गाँधी जैसा पुजारी, योग्य और सूर्य

महात्मा चारेंत्स

बनने की प्रेरणा दे रहे महात्मा चारेंत्स को, हो सकता है कि भास हो रहा हो कि वक्त कम है। नवम्बर, 1937 के वे दिन दो साल भी तो दूर नहीं रह गए थे जब कि इस सूर्य-सम्भावना को अस्त हो जाना था। लेकिन क्या सचमुच ऐसे सूर्य कभी अस्त होते हैं?

न महात्मा चारेंत्स अस्त हुए, न उनके प्रेरणा-स्रोत महात्मा गाँधी।

गायाने ने ही मुझे बताया कि चारेंत्स के मित्र कलाकार रूबेन जारयान

ने लिखा है कि भारतीय दर्शन में चारेंत्स की गहरी रुचि थी, बहुत किताबें पढ़ते थे वे भारतीय दर्शन और इतिहास के बारे में। बुद्ध-प्रतिमा के सामने बैठकर बातें करते रहते थे, चारेंत्स बुद्ध से—इस बात से निर्लिप्त कि आस-पास कौन है, और जो है, प्रतिमा से बात करते देख उनके बारे में क्या सोचेगा।

जिसे जो सोचना हो, सोचे। महात्मा चारेंत्स बात करते रहे महात्मा बुद्ध और महात्मा गाँधी से, अब तक कर रहे हैं।

आना है चारेंत्स तक बार-बार। उनके घर फिर से आ सकूँ, न आ सकूँ, उनकी स्मृतियों और उनके शब्दों के घर में तो आ ही सकता हूँ। और, उम्मीद क्यों छोड़ूँ? उनके घर, नगर, उनके आरमीनिया में भी शायद कभी फिर से आ सकूँ।

2 'यहाँ पाई शरण...'

येरेवान पहुँचा छह सितम्बर को। हवाई अड्डे पर अपने दूतावास के श्री अरूप गायन लेने आए थे, ऐसा संगीतपूर्ण नाम बंगाली भद्र-पुरुष के सिवा भला किसका हो सकता है? साथ में थे आरमेन, जो अपनी कार टैक्सी के तौर पर चलाते हैं, गिने-चुने ग्राहकों के लिए, जिनमें से एक आरमीनिया में भारत का राज-दूतावास भी है। ऐसा सम्बन्ध है आरमेन और दूतावास का, कि बहुत से लोग उन्हें दूतावास का कर्मचारी ही समझते हैं । आरमेन शब्द का मतलब है आरमीनियाई, यानी अगर वे भारतीय होते तो शायद उनका नाम भारती या भारत होता। लेकिन आरमेन वैसे चाट इनसान कतई नहीं जैसे कि स्वनिर्मित 'देश-प्रेम' फिल्मों में भारत नाम धारण करने वाले एक सज्जन अपने यहाँ हुआ करते थे, बल्कि हैं। आरमेन को बात-बात पर चेहरे पर दाईं हथेली का परदा कर लेने की आदत भी कतई नहीं।

आरमेन हैं योग्यताप्राप्त इंजीनियर लेकिन सोवियत-संघ के विघटन के बाद, 'स्ट्रक्चरल एडजस्टमेंट' की चपेट में बहुतों की तरह उनकी भी नौकरी आ गई। अब वे अपने वर्तमान काम से बहुत संतुष्ट नहीं तो बहुत दुखी भी नहीं हैं। खैर, जब शहर की तरफ रवाना हुए तो देखा कि थोड़ी ही दूर बाद एक के बाद एक कैसीनो, नाइट-क्लब...पूछा कि क्या यह इलाका इन्हीं धंधों के लिए तय कर दिया गया है? मालूम

पड़ा कि येरेवान की लोकल गवर्नमेंट का यह फैसला है कि इस तरह के प्रतिष्ठान नगर की औपचारिक सीमा से बाहर ही होंगे, सो...

दिलचस्प है न ? ऐयाशी करनी है तो घर-नगर से थोड़ा दूर जाने का कष्ट उठाएँ या फिर इन ठीहों के पास के ही किसी सबर्ब में मुकाम फरमाएँ। दूसरी दिलचस्प बात, मुद्रा हजारों में ही...पैसा नहीं रुपया ही होता है...जापान के येन और (यूरो-पूर्व) इटली के लीरा की तरह। हजार द्राम अपने कोई एक सौ पचासी रुपए के बराबर । 'हजार' आरमीनियाई भाषा में जस का तस है, स्वाभाविक ही है, तुर्की और फारसी का प्रभाव ठहरा, लेकिन बाद में कुछ और शब्द स्वाभाविक से कहीं अधिक रोचक और जिज्ञासावर्धक लगे। एक बात और साफ हुई, जारशाही और फिर सोवियत जमाने के कारण, यहाँ रूसी हर कोई बोलता है, लेकिन अब लोग अंग्रेजी अपना रहे हैं। आरमेन के सफल व्यवसाय का एक कारण यह भी है कि वे कामचलाऊ से बेहतर अंग्रेजी जानते हैं, जो कि टूरिस्ट टैक्सी वाले के लिए उनके अपने शब्दों में 'मस्ट कंडीशन' है।

होटल आरारत—यहीं ठहरना है, यहीं कांफ्रेंस होनी है। हर वेटर, हर कर्मचारी अंग्रेजी बोलने का अभ्यास करता प्रतीत होता है, लेकिन फिर भी आलम दिल्ली के बड़े होटलों जैसा नहीं है कि आप देशी भाषा बोलने पर उदासीन, या करुण-कृपालु निगाहों का सामना करें। हाँ, यह जरूर है कि देशी भाषा के तौर पर आरमीनियाई बहुत कम और रूसी बहुत ज्यादा सुनाई पड़ती है। मेरे जैसे विदेशी अंग्रेजी के अभ्यास में सहायक सिद्ध होने ही थे। एक नौजवान वेटर के लिए तो मैं अंग्रेजी शब्दों, वाक्यों और वाक्यांशों की सतत चाँदमारी का लक्ष्य भी बन गया था और शिस्त (निशाना लगाने की कवायद) के सही-गलत होने, टारगेट के हिट होने या न होने की पुष्टि करनेवाला उस्ताद भी। जब होटल छोड़, चलने लगा तो वह वेटर दरवाजे तक आया, मेरा सामान लेकर नहीं, अपना आभार लेकर।

पहले दिन, रात का भोजन भारत के राजदूत अचल कुमार मल्होत्रा के घर पर...मेरी यह आस्था पुष्ट हुई कि अपन चाँद पर भी गए तो जे.एन.यू. वाला कोई न कोई तो मिल ही जाएगा। (आस्था को प्रमाण अगले ही महीने मिला। अक्टूबर में मेक्सिको जाने का सुयोग हुआ, वहाँ भी जे.एन.यू. के मुराद मियाँ मिल ही गए।) मल्होत्रा जी जे.एन.यू. से 1978 में रूसी भाषा में डिग्री लेकर सिविल-सर्वेंट हो गए और इस समय राजदूत हैं। उनसे बात करना रोचक

अनुभव था, लेकिन ऐसे औपचारिक डिनर की—जो संघ लोक सेवा आयोग के 'माननीय सदस्य' के सम्मान में आयोजित किया गया हो—अपनी सीमाएँ भी तो होती हैं।

भोजन के बाद, आरमेन से कहा कि शहर की शाम देखी जाए तो गए रिपब्लिक चौक और फिर विक्ट्री पार्क। चौक में दुकानें नहीं, बल्कि वे तो चौक तक आनेवाली सड़कों पर ही हैं। चौक की महिमा इस बात में है कि आरमीनिया की राष्ट्रीय कला-वीथिका और इतिहास-संग्रहालय चौक के उत्तरी सिरे पर बनी एक इमारत में ही स्थित हैं। इसके अलावा सत्तातंत्र की अनेक महत्त्वपूर्ण इमारतें यहीं हैं। पहले यह लेनिन चौक था, अब सोवियत संघ के विघटन (और सरकारी शब्दावली में ही नहीं, आम लोगों के मुहावरे में भी 'स्वाधीनता') के बाद गणतंत्र—रिपब्लिक—चौक कहा जाने लगा है। वैसा ही चमक-दमक-भरा, शाम के वक्त गुलजार, जैसे इस तरह के चौक दुनिया भर के महानगरों, राजधानियों में होते हैं। लग रहा था कि येरेवान का यह चौक कहीं भी हो सकता था। कुछ खास मन नहीं लगा, यह जरूर सोचा कि दिन में आकर कला-वीथिका और इतिहास-संग्रहालय देखा जाएगा, जो कि हा हंत, हो नहीं पाया। वक्त केवल तीन दिन का, और पब्लिक सर्विस कमीशनों की बैठक में संघ लोक सेवा आयोग का प्रतिनिधित्व करने जैसा गुरु-गंभीर दायित्व। येरेवान जितना देख सका, जितना जी सका, वही क्या कम था! आज तक यही सोचकर मन को दिलासा देता हूँ कि कला-वीथिका फिर कभी सही; येरेवान का बहुत कुछ फिर कभी सही।

आखिर येरेवान कहाँ जा रहा है, और कुछ बरस तो मैं भी कहाँ जा रहा हूँ।

खैर, यह फैसला आरमेन ने ही किया कि चला जाए, रिपब्लिक से विक्ट्री की ओर। मुझे मानना ही था आरमेन का फैसला। वे सिर्फ 'ड्राइवर' नहीं, गर्वीले येरेवान-वासी भी हैं, और येरेवान में मेरे फ्रेंड भी, गाइड भी। और फिलॉसफर तो, आप जानते ही हैं कि अन्त-पन्त हर इनसान होता ही होता है।

यह विक्ट्री-पार्क जिस पहाड़ी पर है, वहाँ से सारा येरेवान जैसे पैनोरामा में दिखता है, काश, मुझे फोटोग्राफी बढ़िया से आती! यहाँ पहुँचने के लिए भी सारे शहर की परिक्रमा सी हो जाती है, परिक्रमा की समाप्ति पर आप जहाँ पहुँचते हैं, वहाँ है मदर आरमीनिया की विशाल प्रतिमा। यह विक्ट्री पार्क का प्रस्थान बिन्दु है। शाम गहरी हो चली थी, और कुछ नौजवान जोड़े मदर

आरमीनिया की विशाल प्रतिमा के पास से गुजरते हुए पार्क के भीतर जा रहे थे, कुछ बाहर आ रहे थे।

देखकर अच्छा लगा कि विक्ट्री पार्क का एक सदुपयोग प्रेमी जोड़ों के रांदे-वू के रूप में भी होता है-इस उपयोग के बिना ऐसे विशाल और सुन्दर पार्क का फायदा ही क्या! मदर आरमीनिया की प्रतिमा बहुत ही विशाल है, मैं फोटोग्राफी ठीक से जानता नहीं, कैमरा भी कोई खास नहीं था मेरे पास, लेकिन जो फोटो ले सका, उससे कुछ अन्दाजा तो होता है शहर के साथ इस प्रतिमा के रिश्ते का। सारे शहर से नजर आती है यह प्रतिमा और सारे शहर पर नजर रखती है यह प्रतिमा। पहले यहाँ योद्धा अवतार में स्टालिन की प्रतिमा थी, स्टालिन के पतन के बाद यहाँ लगी उनकी प्रतिमा का भी पतन होना ही था। स्टालिन की जगह ली खड्गहस्त माँ आरमीनिया ने। बड़े उत्साह से प्रतिमा का फोटो लिया, और उससे ज्यादा उत्साह से अगले दिन सुबह फेसबुक पर लगाया। 'ज्यादा' का तत्त्व यों कि, जैसा कि लिखा, फेसबुक पर, ''टेक सेवी होने की कोशिशों का प्रमाण है, सुबह-सुबह बिना किसी की मदद के यह फोटो कैमरे से लैपटाप और लैपटाप से यहाँ लाना...शाबाशी का तलबगार हूँ खासकर नौजवानों से।''

यह जिज्ञासा भी थी मन में कि माँ की उपस्थिति को और रेखांकित कैसे किया जाए।

शाबाशियाँ मिलीं, इतनी मिलीं कि जी ख़ुश कर दित्ता। जो बातें लिखी गईं उनमें से दो पर खास ध्यान गया। नन्दलाल जी ने लिखा, ''जीवन में न सही पर सार्वजनिक स्थलों पर ही सही स्टालिन की प्रतिमा का स्थान कोई माँ की प्रतिमा ही ले सकती है । सोवियत संघ के नष्ट होने का एक कारण संवेदना के अभाव को भी मैं मानता हूँ...''

सुमन ने मार्के की बात लिखी, तस्वीर के बारे में, मेरी जिज्ञासा के बारे में, और माँ के बारे में, '' इस फोटो में सबसे ज्यादा सुन्दर हैं तीन आलोक बिन्दु...सूर्य, चन्द्रमा और पृथ्वी की तरह...अब जब जूम करोगे तो माँ की मूर्ति केन्द्र में होगी...या देवि सर्वभूतेषु...''

यह तस्वीर लगाने के ठीक पहले मल्होत्रा जी के डिनर के बहाने जे.एन.यू. महिमा में ये शब्द लिखे थे, ''कल येरेवान में भारत के राजदूत श्री अचल कुमार मल्होत्रा और श्रीमती अनिता मल्होत्रा ने डिनर पर आमंत्रित किया। तीन भारतीय

दंपती और थे। अचल जी ने 1978 में जे.एन.यू. से रशियन में डिग्री हासिल की है। कभी चाँद पर जाने का सुयोग मिला, तो यकीनन वहाँ भी कोई न कोई जे.एन.यू. वाला कहीं न कहीं मिल ही जाएगा...जय जे.एन.यू...''

जैसा कि होना था, इस पर ठेठ फेसबुकिया अन्दाज में कुछ विमर्श चला, कुछ विनोद। नौजवान दोस्त आनन्द शुक्ला की टिप्पणी ने खास ध्यान खींचा, ''कोऊ नृप होहिं, हमैं का हानि...कोई राजदूत बन गया होगा, कोई अमेरिका में जीवन का उत्सव मना रहा होगा, कोई चाँद पर भी जरूर पहुँच गया होगा लेकिन कई जे. एन. यू. वाले अभी भी मुनिरका की अँधेरी गलियों में जिन्दगी गुजार रहे हैं और एक अदद नौकरी तलाश रहे हैं...'' आनन्द ने अपने और अपने साथियों के इस 'मुगालते' और 'सपने' का भी जिक्र किया था कि 'कभी न कभी...कोई न कोई...'

बात बिलकुल सही है। लेकिन, एक और बात भी उतनी ही सही है, जरूरी लगा आनन्द को वह बात याद दिलाना, ''याद रखना, आनन्द हर सफल दिखने वाले व्यक्ति के पीछे कठोर संघर्षों की गाथा होती है, कुछ उसका गीत गाते नहीं थकते, हिन्दी में कई हैं, नाम गिनाना बेकार, कुछ संघर्षों से भी सीखते हैं, 'सफलताओं' से भी; और यह कभी नहीं भूलते कि अन्तत: मनुष्यता और सफलता पर्यायवाची हों ही, यह जरूरी नहीं। और हाँ, मैं सहमत हूँ तुम्हारे साथियों से, इसी मुगालते का, इसी सपने का नाम जिन्दगी है कि कुछ अच्छा होगा किसी न किसी दिन...''

सचमुच अजीब लगता है, सारी दुनियावी सफलताओं का सुख लेते लोग अपने दु:ख-रस का पान कितने लगाव से करते हैं और कितने आग्रह बल्कि कितनी धमकियों के साथ कराते हैं। सारी सुविधाओं के केंद्र में रहते हुए इन लोगों को हाशिए पर होने का नाट्य करने में जो अश्लील आनन्द आता है, वह क्या उनका बीभत्स अपमान नहीं है जो सचमुच हाशिए पर हैं?

दूसरा दिन शुरू हुआ, पहले दिन की रिपोर्ट फेस-बुक पर दर्ज करने के बाद । इस दिन यानी सात सितम्बर की शाम को उद्घाटन होना था, लोक-सेवा आयोगों के सम्मेलन का, आरमीनिया के प्रधानमंत्री के द्वारा। सारा दिन अपन को करना था, येरेवान से पहचान का प्रयत्न। इसी दिन अवसर मिला 2794 साल पुराने इरिबुनी से लेकर बीसवीं सदी के चारेंत्स तक की स्मृतियों से गुजरने का।

मदर आरमीनिया की प्रतिमा–विक्ट्री पार्क, येरेवान

इरिबुनी का रास्ता तय करती कार की पिछली सीट पर बैठा मैं पढ़ रहा था दुकानों के साइनबोर्ड, जिनमें से ज्यादातर तो हाइएरिन (आरमीनियाई लिपि) में ही थे, सो अपने लिए बिलकुल ग्रीक। कुछ थे रोमन लिपि में, कुछ अंग्रेजी भाषा में भी।

आरमीनियाई भाषा का इतिहास तो ईसा–पूर्व तक जाता है, लेकिन माना जाता है कि वर्तमान हाइएरिन लिपि का 'आविष्कार' मेसरोप माश्तोज ने 406 ईस्वी में किया। आरमीनिया ने माश्तोज के प्रति कृतज्ञता व्यक्त की है, और तरीकों के साथ, इस तरीके से भी कि राजधानी येरेवान की सबसे महत्त्वपूर्ण सड़क का नाम माश्तोज मार्ग ही है। वैसे भी, यहाँ लेखकों, बौद्धिकों, कलाकारों का सम्मान इस रूप में व्यक्त होता ही है कि कवि नालबांदयान के नाम पर सड़क है। चारेंत्स के मित्र और महान कंपोजर कोमितास की प्रतिमा माश्तोज स्ट्रीट के बीच में है, अमेरिका जा बसे आरमीनियाई लेखक विलियम सारोयान की प्रतिमा भी है।

दिल्ली में प्रेमचन्द के नाम पर कोई सड़क नहीं है।

रोमन में लिखे कुछ साइनबोर्ड पढ़–पढ़कर, अन्दाजा लगाने की कोशिश कर रहा था, उन सड़कों, मोहल्लों के स्वभाव का, जिनसे गुजर रहा था। इस तरह साइन–बोर्ड पढ़ने की आदत बचपन से ही रही है। स्कूल जाते वक्त रोज के पढ़े

साइन-बोर्ड रोज-ब-रोज पढ़ता रहता था, यहाँ तो नये थे सब के सब। एकाएक कान में आवाज पड़ी, 'हाँ, हाँ...अच्छा, अच्छा' मैं चौंका कि कान बज रहे हैं क्या?

अभी तो चौबीस घंटे भी नहीं गुजरे, इतनी जल्दी कानों को हिन्दी सुनने की तलब लगने लगी कि खुद को हाँ-हाँ, अच्छा, अच्छा सुनाने लगे...

असल में, आरमेन के हाथ तो स्टीयरिंग व्हील पर थे, निगाहें सड़क पर। लेकिन, ध्यान का एक हिस्सा साथ लिये हुए उनका मुँह और कान मोबाइलपरक थे, वे हैंड-फ्री की सहायता से बतिया रहे थे, और बारंबार...हाँ-हाँ उचार रहे थे। जिसे मैं 'अच्छा' समझा, वह शब्द था-'इंच्छा' माने 'क्या?' पूछने पर उन्होंने बताया कि बात चूँकि पत्नी से हो रही थी, सो बात को ठीक से समझने के लिए 'इंच्छा' माने क्या... और 'हाँ, हाँ' माने हाँ, हाँ का व्यवहार इतना अधिक होना ही था, नहीं क्या?

मैं कैसे असहमत होता? कौन हो सकता है?

यह भी जाहिर हो गया, आरमेन ने पुष्टि भी की—ऐन उन्हीं अर्थों में इस शब्द का प्रयोग आरमीनियाई में होता है जिनमें कि हिन्दी या उर्दू में। आरमेन की पत्नी पूछ रही थीं कि 'फलाँ सामान लेते आओगे ना', और आरमेन कह रहे थे, 'हाँ'। बोलते हाँ-हाँ हैं लेकिन लिपिबद्ध उसे करते हैं 'आयो' के रूप में। हाँ के विपरीत ना रूप लेता है 'वोच' या 'छे' का। हाँ की व्याप्ति तो अंग्रेजी के याह में भी सुनाई पड़ती है। बहरहाल, हाँ ही नहीं, अपने 'चार-पाँच' भी आरमीनियाई में जस के तस मौजूद हैं; और गायाने ने बताया कि ऐसे शब्द चार-पाँच ही नहीं हैं। गायाने से मुलाकात तो नौ सितम्बर को हुई, लेकिन कल छह और आज सात तारीख को ही मेरे सामने चार-पाँच के साथ-साथ दरबास—दरवाजा, हजार-हजार और तस-दस तो आ ही चुके थे। अगले दो दिनों में कई और शब्द सामने आए—ताजा, ताला, रंग, शक्कर, जेब, हाल...। लोक-सेवा आयोगों के सम्मेलन में भाग ले रहे आरमीनियाई प्रतिनिधियों में से एक थे—श्री वाचेस कैलासियान। उन्हीं ने बताया कि 'कैलासिया' शब्द का अर्थ होता है पराक्रमी, और "शायद इस अर्थ का सम्बन्ध कैलास पर्वत से ही है।"

और हाँ, माँ आरमीनियाई में भी मा ही होती है।

मा, हाँ, चार-पाँच से यह पहली भेंट इस बात का पहला साक्षात्कार बनी कि आरमीनियाई भाषा ही नहीं, वहाँ के रोजमर्रा के जीवन की परम्पराओं

से भी, हम हिन्दियों का संवाद कितना पुराना, रिश्ता कितना गहरा है।

और, हाँ, आरमीनिया का इतिहास बहुत पुराना है, और विविधतापूर्ण भी। पिछले हजारों सालों में कई सांस्कृतिक स्रोतों से निकली धाराओं ने गढ़ी है आज के आरमीनिया की जीवन-धारा।

बाइबल के ओल्ड टेस्टामेंट में कथा आती है कि परम क्रोधी, परम पिता परमात्मा-यहोवा—ने तत्कालीन संसार के पापों से चिढ़कर सभी प्राणियों को महा-जलप्लावन के जरिये नष्ट करने का फैसला कर लिया लेकिन साथ ही हजरत नूह को इजाजत दी कि वह जिन्हें बचाने योग्य मानें, उन प्रजातियों के एक-एक जोड़े को अपनी महानौका में सुरक्षित कर लें, ताकि जलप्लावन के बाद यहोवा को फिर से प्राणी-रचना के चक्कर में न पड़ना पड़े। उस जल-प्रलय के समय जिस आरारात पर्वत से हजरत नूह ने अपनी नाव बाँधी थी, वह आरारात आरमीनिया में ही है। 'आरारत' शब्द का अर्थ है—'आर्यपुत्र'! जाहिर है कि पर्वत को 'आर्यपुत्र' प्राचीन ईरानियों ने कहा था। आरमीनिया की अपनी भाषा में तो यह पर्वत सिस और मासिस कहलाता था। सिस माने अन्नपूर्णा और मा माने माँ।

यानी, क्रोधी पिता द्वारा लाए गए जल-प्लावन के समय प्राणिमात्र को शरण माँ ने ही दी थी।

नूह द्वारा शरण पाने के इस उल्लेख के बाद, येरेवान में यूराट्रियन राज के ईसा के सात सौ साल पहले तक के तो अवशेष मिलते ही हैं । यूराट्रियन शासन-काल में और उसके बाद भी ईरान से लेकर भारत तक, और उधर रोम तक आरमीनिया के व्यापारिक संपर्क थे। ईसाइयत को राजकीय संरक्षण, बल्कि राजकीय मजहब का दर्जा भी रोम के भी पहले आरमीनिया के शासक तरदात तृतीय ने दिया था। इसके पहले, आरमीनिया में अपने स्थानीय देवमंडल और धर्म-परम्परा के साथ जरथुस्त्री मत का भी प्रभाव था।

जब येरेवान पहुँचा था, तब इस देश के इतिहास-पुराण का कुछ अन्दाजा अरब (लेकिन फ्रेंच में लिखने वाले) लेखक आमीन मालूफ के उपन्यासों, खासकर कवि-चित्रकार 'पैगंबर' मनी के बारे में लिखे गए उपन्यास-'गार्डन्स ऑफ लाइट' के कारण; और पॉल क्रायवात्सेक की किताब 'इन सर्च ऑफ जरथुस्त्र' के कारण भी था। ईसा की तीसरी सदी में सक्रिय मनी को जरथुस्त्री शासक शापुर और उसके बेटे होरमिज का संरक्षण प्राप्त था,

लेकिन होरमिज सत्ता में केवल एक साल रहा, और उसके भाई बहराम के शासन-काल में मनी को यंत्रणाएँ दे-देकर मार डाला गया। इन जरथुस्त्री शासकों का प्रभाव-क्षेत्र आरमीनिया तक था।

जरथुस्त्र इतिहास के पहले व्यक्ति हैं, जिन्होंने लौकिक और पारलौकिक जीवन को शुभ-अशुभ के दो टूक विभाजन में बाँटा। ईसा पूर्व दसवीं (कुछ लोगों के अनुसार सातवीं) सदी में, उन्हीं ने ऐसे प्राफेट या मसीहा की अवधारणा पहले-पहले प्रस्तुत की जो परमात्मा का खासुलखास है और जिसे परमात्मा ने 'शुभ' की राह से 'अशुभ' की ओर भटक गए लोगों को वापस शुभ की राह पर लाने की ड्यूटी दे रखी है। पारसियों के पवित्र ग्रंथ अवेस्ता और ऋग्वेद के तुलनात्मक अध्ययन से विद्वानों ने नतीजा निकाला है कि इन दोनों में आनेवाले देव और असुर कोई अलग-अलग जातीय समूहों के आराध्य नहीं, बल्कि एक ही खानदान के लोगों के बीच चल रहे विवाद के प्रतीक थे। अवेस्ता की 'गाथाओं' में अहुरमज्दा के प्रति जरथुस्त्र की स्तुतियाँ भी हैं, और अहुरमज्दा-जरथुस्त्र संवाद भी। इन संवादों में अहुरमज्दा जरथुस्त्र को अपना प्रतिनिधि नियुक्त करते हैं, और लोगों को सही रास्ते पर लाने की हिदायत देते हैं।

एक ओर आवेस्ता में, दूसरी ओर वेदों में, परस्पर विरोधी पढ़त से आने वाला देवासुर संग्राम दो विश्व-दृष्टियों के संघर्ष का रूपक है। एक विश्व-दृष्टि आनन्द को महत्त्व देती है, देवताओं को मनुष्य जैसा ही अच्छा और बुरा मानती है, उनकी कृपा प्राप्त करने के लिए शब्दों (मंत्रों) और विधि-विधान को महत्त्व देती है। जानती है कि देवता किसी सतत सत्य के संरक्षक नहीं, स्वयं भी काफी मूडी हैं, ऐन इंसानों की तरह। इसीलिए वे रूठ भी सकते हैं, और उन्हें मनाया भी जा सकता है। यह सोच सभी बहुदेववादी, पैगन समाजों की रही है। यह सोच कहती है कि सत्य तो एक ही है लेकिन उसे कहने और जानने की विधियाँ अनेक हो सकती हैं, किसी विधि को सदा के लिए, हर हालत के लिए सही या गलत नहीं कहा जा सकता।

इस बहुलतापरक दृष्टि के विपरीत जरथुस्त्र ने अहुरमज्दा को सारे शुभ का स्रोत, एक मात्र सच्चा ईश्वर और स्वयं को उसका एकमात्र संदेशवाहक—प्राफेट—निरूपित किया; नैतिक जीवन उसी को माना जो इस 'एकमात्र' ईश्वर, उसके एकमात्र पैगंबर के प्रति घनघोर रूप से एकनिष्ठ आस्था पर आधारित हो। 'सही' आस्था श्रेष्ठ जीवन का प्रतिमान बनने के साथ-साथ

सुखी जीवन का कारण भी बन गई। आप दुखी हैं तो अपने कुकर्मों या देवताओं की कुकृपा के कारण नहीं, गलत आस्था अपनाने के कारण हैं। आप किसी और ईश्वर, किसी और संदेशवाहक में आस्था या उससे किसी तरह का वास्ता तक रखें—एकनिष्ठता का यह उल्लंघन ही परम पाप है।

इस परम-पाप की ओर मनुष्यों को शैतान ले जाता है। एक मात्र सच्चे ईश्वर ने अपने एकमात्र सच्चे संदेशवाहक को जिम्मा सौंपा है कि वह पाप से आप को मुक्त करे। यदि आप मुक्त होना चाहते हैं तो कोई मसला नहीं, यदि नहीं होना चाहते, तो जाहिर है, आप शैतान की औलाद, नहीं तो उसके असर में तो जरूर ही हैं। अब, ऐसे शैतानी प्रभाव से आपको निकालने के सिलसिले में आपकी अपनी देह की, आपके इतिहास की थोड़ी-बहुत मरम्मत करनी ही पड़ जाए तो बुरा क्या मानना। यह तो एकमात्र सच्चे ईश्वर और अनेक गैर-सच्चे ईश्वरों (असल में शैतान) के सेवकों के बीच की लड़ाई में होना ही होना है।

जरथुस्त्र ने जो किया, उसे फ्रांसीसी इतिहासकार थ्योडोर जेल्डिन ने 'ऐन इंटीमेट हिस्ट्री ऑफ ह्यूमैनिटी' (मिनर्वा, लंदन, 1994) नामक पुस्तक में 'प्राफेटिक रिवोल्यूशन' कहा है।

जयशंकर 'प्रसाद' का, आनन्दवाद बनाम दुखवाद की पड़ताल करने वाला शोधपरक चिंतन याद आता है। वैदिक लोगों में ही एक ओर थे—प्रकृति के विभिन्न रूपों में देवत्व की विभूति देखने वाले (यानी जगत को ही ब्रह्म मानने वाले), विविधता को प्रकृति का नियम और आनन्द की कामना को मनुष्य का सहज स्वभाव मानने वाले। और दूसरी तरफ थे—प्रकृति से अलग ईश्वर (एकेश्वर) को नैतिकता का एकमात्र स्रोत मानने वाले, आनन्द की कामना को सभी पापों का मूल पाप मानने वाले। इन दो मान्यताओं के बीच वाद-विवाद जरथुस्त्र के पहले से ही चला आ रहा था।

पहले से चली आ रही बहस को शुभाशुभ के बीच शाश्वत, प्राणांतक संघर्ष निरूपित करने का काम, विवाद कर रहे लोगों को स्थायी रूप से शुभ और अशुभ में बाँट देने का काम जरथुस्त्र की 'प्राफेटिक रिवोल्यूशन' ने किया। तमाम क्रान्तियों की तरह जरथुस्त्र की पैगंबरी क्रान्ति भी बहुत देर से खदबदा रहे पानी का उबाल थी।

जरथुस्त्र ने बहस को किसी पूर्व-लिखित नाटक की मंच-प्रस्तुति में बदल

दिया, दुनिया के रंगमंच पर होनेवाले हर काम को शुभाशुभ के मूल संघर्ष का रूपक बना दिया। जरथुस्त्री और अन्य प्राफेटिक दृष्टियों द्वारा कल्पित जीवन-नाटक की स्क्रिप्ट शुभाशुभ के बीच 'कॉस्मिक' संघर्ष की स्क्रिप्ट है। मानव की 'स्वतंत्र इच्छा' भी पहले से निर्धारित है—परमात्मा द्वारा बनाए गए और पैगंबर द्वारा बताए गए चुनाव को अपनाना या सतत यातना और अंधकार में पड़े रहना। ईसाई परम्परा में शैतान का सबसे लोकप्रिय नाम 'प्रिंस ऑफ डार्कनेस' ही है, जो कि सीधे अवेस्ता से लिया गया है। इसी तरह ईसा तथा अन्य पवित्रात्माओं के चित्रों में उनके मुखमंडल के आसपास दिखनेवाला आभामंडल भी जरथुस्त्री छवियों से लिया गया है। इस आभामंडल का 'प्रकाश' सूचित करता है कि इन पवित्रात्माओं ने 'प्रिंस ऑफ डार्कनेस' पर विजय पा ली है।

जरथुस्त्र द्वारा प्रकृति की लीला को शुभाशुभ संघर्ष के नाटक की स्क्रिप्ट में बदल देने के बाद, वैदिकों के साझा देवमंडल में से, आनन्दवादियों के यहाँ इन्द्र के बरक्स वरुण का बस महत्त्व ही घटा, मित्र (सूर्य) भी सम्मानित रहे, लेकिन जरथुस्त्र की एकेश्वरवादी, कट्टर 'नैतिकतावादी' पैगंबरी क्रान्ति में वरुण (अहुरमज्दा) एकमात्र सच्चे परम—ईश्वर हो गए और इन्द्र (अहिरदमन) लोगों को गलत राह पर ले जाने वाले, खतरनाक 'अन्य' में बदल गए। रोचक यह है कि मित्र (सूर्य) का सम्मान मिहर के रूप में जरथुस्त्र के सिस्टम में भी बना रहा। लेकिन उनकी हैसियत, अहुरमज्दा के समान होने का सवाल ही नहीं। मिहर अहुरमज्दा के परम-प्रिय हैं, उनके संकट-मोचक हैं, बल्कि पुत्र हैं, लेकिन एक ईश्वर, परमपिता तो अहुरमज्दा ही हैं। परमपिता अहुरमज्दा के परमप्रिय पुत्र मिहर की धारणा का ही अनुवाद आगे चलकर परमपिता परमात्मा के इकलौते पुत्र जीसस की धारणा में हुआ है।

बात असल में, किसी एक व्यक्ति या समुदाय की नहीं, 'टेंपरामेंट' की है। जरथुस्त्र के बाद, ईसाई और इस्लामी परम्पराओं में एकेश्वरवादी, पैगंबरी टेंपरामेंट जमकर विकसित हुआ। ईसाइयत और इस्लाम दोनों ही परम्पराओं में जरथुस्त्री प्रभावों को बलपूर्वक नकारा जाता है,लेकिन ये प्रभाव मूलभूत जीवन-दृष्टि से लेकर दैनंदिन व्यवहारों तक पर साफ दीखते हैं। इन मजहबों से संपर्क, संवाद और संघर्ष के फलस्वरूप हिन्दू और जापान की शिंतो परम्परा जैसी बहुदेववादी परम्पराओं में भी इस शुभाशुभ के बीच दो टूक

विभाजन माननेवाले पैगंबरी टेंपरामेंट ने अपनी उपस्थिति दर्ज करा ली।

दूसरी ओर, मार्के की बात है कि आज के पारसियों ने जरथुस्त्र के मूल सिद्धांतों को पिछले हजारों वर्षों में सीखे गए ऐतिहासिक-नैतिक सबकों की रोशनी में काफी कुछ रूपातंरित किया है। वे पैगंबरी उत्साह का परिचय देने में कोई दिलचस्पी नहीं रखते। ईरान में इस्लाम के विस्तार के बाद जरथुस्त्र के अनुयायियों का दमन आरम्भ हुआ। पैगंबरी एकेश्वरवाद के प्रणेता के अनुयायी स्वयं आक्रामक पैगंबरी एकेश्वरवाद के शिकार हुए। इस दमन के फलस्वरूप पारस—फारस (ईरान) से भागकर जरथुस्त्री लोग गुजरात पहुँचे, और आज पारसियों की सबसे बड़ी तादाद भारत में ही है। सबसे बड़ी यह तादाद भी सत्तर हजार से अधिक नहीं है, और इनमें से नब्बे फीसदी एक ही नगर-मुंबई—में निवास करते हैं। इतने विकट रूप से अल्पसंख्यक होने के बावजूद विज्ञान, बौद्धिक कर्म से लेकर उद्योगों तक में पारसी समुदाय अव्वल जगह पर है। आज के भारत में भाभा, नरीमन, पालखीवाला, टाटा और गोदरेज का नाम कौन नहीं जानता।

स्वाभाविक है कि जहाँ शरण पाई उस गुजरात की भाषा आज के पारसियों की मातृभाषा और सांस्कृतिक भाषा का दर्जा हासिल कर चुकी है।

ऋग्वेद से लेकर आज तक के दैनंदिन हिन्दू जीवन में मौजूद देवासुर सम्बन्धों की स्मृतियाँ बताती हैं कि ये सम्बन्ध केवल संघर्ष और युद्ध के नहीं, प्रतिस्पर्धा और कभी-कभी सहयोग के भी हैं। हालाँकि इन स्मृतियों का हिसाब-किताब कुल मिलाकर संघर्ष और अविश्वास को ही रेखांकित करता है। संस्कृत में यदि 'असुर' शब्द दुष्ट या भ्रम में पड़े व्यक्ति का वाचक मान लिया गया, तो जरथुस्त्र के जमाने में प्रचलित पुरानी फारसी में ही नहीं, इस्लाम के बाद की फारसी और उससे प्रभावित उर्दू तथा बोलचाल की हिन्दुस्तानी में भी 'देव' शब्द का अर्थ देवतात्मा नहीं बल्कि अत्याचारी राक्षस जैसा ही होता है—''लंका सा था, उस देव का घर पानी में।'' बचपन में बाबूजी से सुनी कहानियों में भी, 'डरावने जंगल' में बड़ा खौफनाक 'देव' रहा करता था।

एकेश्वरवाद बनाम बहुदेववाद का यह सारा किस्सा आरमीनिया के संदर्भ में याद आता रहा। यह भी याद आया कि एँकेवतिल द्यू पेराँ ने अवेस्ता का अनुवाद तो 1771 में ही फ्रेंच में प्रकाशित कर दिया था, लेकिन उसके महत्त्व

पर यूरोपियन विद्वानों, बुद्धिजीवियों का ध्यान कोई पचास साल बाद ही गया। तब तक यूरोप में यही माना जाता था कि शुभ-अशुभ की दो टूक धारणाएँ और इनके माध्यम से मनुष्य को नैतिकता का स्पष्ट आधार, सबसे पहले देने का श्रेय ईसाइयत या खींच-तान कर यहूदी परम्परा को ही दिया जा सकता है। बहुदेववाद के प्रति एकेश्वरवादी जीवन-दृष्टि की सबसे बड़ी शिकायत ही यह है कि जीवन में शुभ-अशुभ के स्पष्ट बोध का अभाव इन परम्पराओं को नैतिक रूप से शिथिल बनाता है। पैगन शब्द का प्रयोग यूरोपीय बौद्धिक विमर्श में आज तक सन्देह बल्कि हिकारत के साथ होता है। पैगन शब्द व्यक्तिगत से लेकर सामाजिक जीवन तक में नैतिकता के प्रति लापरवाह, हिंसक मिजाज को सूचित करने के लिए किया जाता है। हिटलर को पैगनिज्म से जोड़ देना, पैगंबरी एकेश्वरवाद में संस्कारित विद्वानों का प्रिय शगल है।

जरथुस्त्र और अहुरमज्दा के संवादों की शैली में, 1883-1885 में, 'इत्यवदत जरथुस्त्र'-'जरथुस्त्र ने कहा'-(दस स्पोक जरथुस्त्र) रचने वाले नीत्शे ने अपनी आत्मकथा में लिखा , " मुझसे किसी ने पूछा नहीं; हालाँकि पूछा जाना चाहिए था, कि मेरे मुँह से, प्रथम अनैतिकतावादी के मुँह से जरथुस्त्र का नाम निकलने का अर्थ क्या है? पूछा जाना चाहिए था क्योंकि उस ईरानी का ऐतिहासिक अनोखापन तो मेरे काम के सर्वथा विपरीत काम के कारण है...जरथुस्त्र ने नैतिकता को तत्त्वमीमांसा में बदलकर, नैतिकता को कार्य-कारण का आधार बताकर और जीवन का लक्ष्य निरूपित करके सबसे भयानक भूल की थी...अब उन्हीं को यह भूल पहचाननी चाहिए और इसका परिमार्जन भी करना चाहिए...मेरे मुँह से जरथुस्त्र का नाम यही सूचित करता है कि नैतिकता पर सत्य की विजय हो। सत्यप्रियता के कारण ही संभव हुआ है, नैतिकतावादी जरथुस्त्र का मुझ अनैतिकतावादी में रूपांतरण— यह है मेरे मुँह से जरथुस्त्र का नाम लिये जाने का मतलब" ('दस स्पोक जरथुस्त्र', सं. आर.जे. हॉलिंगडेल, पेंग्विन, न्यूयॉर्क, 1985, पृ. 31)।

पैगंबर-ए-अव्वल जरथुस्त्र के अपने अनुयायियों ने इतिहास से सही सबक सीखे हैं। भयानक खबर लेकिन यह है कि उनके किए दो टूक शुभाशुभ विभाजन से खतरनाक सोच के लोग नये सिरे से प्रेरणा ले रहे हैं। 'इन सर्च ऑफ जरथुस्त्र: दि फर्स्ट प्राफेट एंड दि आइडियाज दैट चैंज्ड दि

वर्ल्ड' (एल्फ्रेड नॉफ, न्यूयॉर्क, 2003) में पॉल क्रायवेत्स ने तजाकिस्तान के जिहादी नेता, इस्लामी पार्टी की ओर से राष्ट्रपति का चुनाव लड़ चुके दौलत खुदानजारोव के साथ अपनी मुलाकात का जिक्र करते हुए इन महानुभाव को उद्धृत किया है, ''मध्य एशिया में इस्लाम इसलिए मजबूत है क्योंकि यहाँ इसकी जड़ें जरथुस्त्रवाद में पैठी हुई हैं; जरथुस्त्रवाद ही भविष्य की विचारधारा है। जरथुस्त्री मान्यता है कि दुनिया शुभ और अशुभ के बीच सतत संघर्ष का रणक्षेत्र भर है। इस संघर्ष में शुभ के पक्ष में और अशुभ के विरुद्ध लड़ना हममें से हरेक का कर्तव्य है। जरथुस्त्रवाद असफल हुआ, अपने सही समय से पहले ही संसार में आ जाने के कारण, इसका समय तो अब आया है। पहली बार दुनिया इतनी छोटी हुई है। पहली बार विश्व-समुदाय की बात की जा सकती है। भविष्य के लिए जो विचारधारा मनुष्य को चाहिए वह जरथुस्त्र के संदेश से पुष्ट इस्लाम ही दे सकता है'' (पृ. 9)।

सवाल उठता है कि इस तरह की सोच के सामने हम क्या उत्तर-आधुनिकतावादी टाइप का नैतिक सापेक्षतावाद ही रख सकते हैं?...क्या कोई और विकल्प नहीं? यह सवाल मन को सदा ही मथता रहता है। हर यात्रा के दौरान साथ रहता है यह सवाल—यात्रा फिर चाहे जगहों की हो, या किताबों की हो, विचारों की हो या मुलाकातों की हो, हर वक्त साथ रहता है यह सवाल...

खैर...

रोचक बात है कि ईरान के जरथुस्त्री शासकों के संपर्क में रहने के बावजूद, और बाद में, 600 ई.पू, के आस-पास पारसी देवताओं और विश्वासों को अपना लेने के बावजूद आरमीनियाई समाज ठेठ एकेश्वरवादी नहीं बना। जरथुस्त्री प्रभावों के बावजूद, स्थानीय देवताओं और बहुदेववादी जीवन-दृष्टि के प्रति आकर्षण बना रहा। आरमीनिया के पारंपरिक देवताओं के साथ मिहर(मित्र-सूर्य) और अवेस्ता में वर्णित अन्य देवताओं की भी पूजा होने लगी, बल्कि इन्हें आरमीनिया की अपनी पौराणिक कथाओं के विभिन्न देवताओं के साथ समतुल्य मान लिया गया। यही काम यूनानी और रोमन मूल के देवताओं के साथ किया गया। मासिस को आराराट भी कहा जाने लगा, लेकिन लोग माँ अन्नपूर्णा को भूले नहीं। बहुदेववादी मिजाज अपने से अलग दृष्टियों और उनके देवताओं को इसी तरह अपनाता रहा है,

आज तक अपना रहा है।

एकेश्वरवादी धार्मिक परम्पराओं ने भी अपने ढंग से बहुदेववादी आस्थाओं का समाहार किया। सबसे मार्मिक और मूलभूत समाहार तो यही है कि अहुरमज्दा के प्रिय पुत्र मिहर (मिथिरा) की धारणा का अनुवाद ऐतिहासिक जीसस को परमात्मा के इकलौते पुत्र जीसस क्राइस्ट में रूपांतरित करने के लिए किया गया। रोचक बात है कि बाइबल में संकलित जीसस के जीवन-चरितों (गॉस्पेल्स) में उनकी जन्मतिथि का कोई संकेत है नहीं। मिथिरा के उपासक मिथिरा की जन्मतिथि दिसंबर की 21 या 22 तारीख को मानते थे, जबकि दिन फिर से बड़ा होने लगता है। इसी का सहारा लेकर चौथी सदी में, जबकि एक ओर मिथिरा-पूजा का पराभव हो रहा था, दूसरी तरफ पॉल द्वारा संस्थापित चर्च ईसा के वृत्तांत को दैवीय आख्यान में बदल रहा था, पचीस दिसंबर की तारीख को ईसा के जन्मदिन की हैसियत बख्श दी गई। परमात्मा के प्रिय पुत्र मिथिरा-मिहर-सूर्य के जन्मदिन के आस-पास के दिन को परमात्मा के इकलौते पुत्र जीसस का जन्मदिन होने का सम्मान मिल गया, और उसके नाम के दिन-रविवार—को प्रार्थना का मुख्य दिन होने की हैसियत।

असहिष्णु एकेश्वरवाद आरमीनिया में, जरथुस्त्री प्रभाव के रूप में नहीं, ईसाइयत के साथ ही आया। तरदात (तृतीय) ने 301 ईस्वी में ईसाइयत को शासकीय धर्म घोषित कर दिया, और देवी माँ सांदारामेत के भव्य मन्दिर को ध्वस्त करके एजमीआजान चर्च का निर्माण किया। एकेश्वरवादी मजहबों का मिजाज शुरू से ही पितृसत्तावादी रहा है, ये बहुदेववाद के ही नहीं, देवी-पूजा, मातृ-शक्ति पूजा के भी सख्त खिलाफ रहे हैं। अपनी नई ईसाई आस्था को प्रमाणित करने के लिए जरूरी था कि देवीमन्दिर को ध्वस्त कर, उसे परमपिता के एकलौते पुत्र के उपासना-स्थल का रूप दिया जाए।

इस तरह आरमीनिया ईसाइयत को राजकीय धर्म बनानेवाला, दुनिया के इतिहास का पहला देश बना। रोमन सम्राट कांस्टेनटाइन ने बपतिस्मा 337 ईस्वी में प्राप्त किया था।

चौथी सदी के पहले ही बरस में, राज-सत्ता के दबाव में, आरमीनिया की बहुदेववादी परम्परा का एकेश्वरवादी, ईसाई आस्था में जो रूपांतरण हुआ, उसकी परतें आज तक, आरमीनिया के लोक-जीवन और स्मृतियों में देखी-सुनी जा सकती हैं। ऐसी परतों से मेरा परिचय और संवाद मेक्सिको की

वर्जिन ऑफ गुयादालुपे के दर्शन करते समय और आयरलैंड में, लेखक मित्र जैक हार्ट से कैरो कील की कथा सुनते वक्त, टबरनॉल्ट कूप के पास स्थित वर्जिन मेरी की प्रतिमा के चमत्कारों के बारे में जानते वक्त भी हुआ है। वहाँ भी, एकेश्वरवाद द्वारा बहुदेववादी समाज के इतिहास ही नहीं, कल्पना और स्मृति तक पर 'फतह' पाने के प्रमाण और परिणाम देखे और समझे थे।

मेक्सिको और आयरलैंड की ही तरह, ईसाइयत के पहले का आरमीनिया भी संरक्षित अवशेषों में ही नहीं, भाषा के मुहावरों और दैनंदिन जीवन की चाल-चलगत, विश्वासों, रोजमर्रा की मामूली चीजों में भी बोलता है। घर से निकलते समय सारा ध्यान अस्त्राखान पर ही था। येरेवान के बारे में जो भी थोड़ी-बहुत जानकारी थी, वह जैसे अवचेतन में चली गई थी। ये जो दो-तीन दिन येरेवान में बिताए, उन दिनों में वह जानकारी आरमीनिया के इतिहास की इन दोनों परतों के साथ संवाद करती रही—बहुदेववादी समाज के एकेश्वरवादी समाज में बदलने की परत, और समाजवाद के नाम पर कायम की गई तानाशाही और रूसी वर्चस्व से बाहर आने की परत।

पहली परत दिखती है इरिबुनी के दुर्ग-नगर और गारनी के सूर्य-मन्दिर में; दूसरी लेनिन चौक के रिपब्लिक चौक हो जाने और विक्ट्री पार्क में स्टालिन की जगह माँ आरमीनिया की प्रतिमा के आ जाने में।

इनमें से दूसरी परत से ही परिचय पहले हुआ, कल शाम रिपब्लिक चौक और विक्ट्री पार्क में, और अब हम पहली परत तक पहुँच रहे थे। आरमेन ने गाड़ी जहाँ रोकी, वह एक पहाड़ी के पाँवों पर बने म्यूजियम का दरवाजा था। दरवाजे तक पहुँचने के लिए ही कई सीढ़ियाँ चढ़नी हैं, और म्यूजियम के भीतर से ही है इरिबुनी के अवशेषों तक जाने का रास्ता।

इरिबुनी यानी सत्ताइस सौ चौरानबे साल पुराने गढ़ और नगर के अवशेष। इसे 782 ई.पू. में मेहुआ के पुत्र आरघिसित ने बसाया था। ये लोग यूराट्रियन या वान कहे जाते थे। इनका सबसे बड़ा देवता खाल्दी, नंबर दो पर ईशबा। जहाँ से सीढ़ियाँ शुरू होती हैं, वहीं पास में, आरघिसित की रथारूढ़ प्रतिमा है।

म्यूजियम और किले में घूमते हुए आप 'प्राफेटिक रिवोल्यूशन' तथा

एकेश्वरवाद के पहले की एक और पैगन सभ्यता के सामने आते हैं। उस सभ्यता के रोजमर्रा के जीवन से लेकर सत्ता-तंत्र और देव-मंडल का कुछ बोध प्राप्त करते हैं। यह जानना रोचक था कि 169 ई.पू. से ही येरेवान में भारतीय व्यापारी बसे हुए थे। ये लोग ईसा की चौथी सदी में यहाँ आई ईसाइयत की चपेट में सभी पैगन्स की तरह आए, कुछ ईसाई बने, कुछ मारे गए, कुछ भाग कर वापस भारत गए।

यूराट्रियन देवमंडल के सबसे बड़े देवता खाल्दी सिंह की सवारी करते हैं तो दर्जे में उनसे बस एक ही पायदान नीचे के ईशबा बकरी की। अब इसे विरुद्धों का सामंजस्य कहिए या इसमें प्रतीक-विज्ञान का कोई अनोखा पाठ खोजिए—आपकी मर्जी, हम तो बस आपको दर्शन कराए दे रहे हैं, इन दोनों देवताओं के।

म्यूजियम में वैसी ही चीजें हैं जैसी कि किसी भी प्राचीन सभ्यता में हो सकती हैं। छोटी-सी कंघी और माला, कनपासे जैसी सजने-सँवरने की चीजें, और पानी भरने के घरेलू घड़ों से लेकर वाइन के बड़े-बड़े मर्तबान जैसी रोजमर्रा के इस्तेमाल की चीजें...और बेशक हथियार भी...

मार्के की जो बात पता चली वह यह थी कि उन दिनों ही यूराट्रियन लोगों ने गारनी से लेकर इरिबुनी तक पाइप-लाइन बिछाई थी। दुर्ग के लिए पानी

रथारूढ़ आरघिसित, इरिबुनी, येरेवान

सिंह की सवारी करते खाल्दी, इरिबुनी, येरेवान

गारनी के कुएँ से नहरों के जरिये नहीं, पत्थर के बने पाइपों के जरिए आता था। इन पाइपों के कुछ टुकड़े सुरक्षित हैं म्यूजियम में,

'इरिबुनी' शब्द के व्युत्पत्तिपरक अर्थ दो हो सकते हैं। एक तो 'इरि' (यहाँ), बुनी (जड़ें जमाईं या शरण पाई)। दूसरा 'इरि'—यहाँ, बुनी (कब्जा किया)।

जहाँ परमपिता के क्रोध से बचने के लिए मासिस पर्वत का रूप धारे, माँ अन्नपूर्णा ने नूह की नौका को आसरा दिया, उस जगह का नाम और क्या हो सकता था—यहाँ शरण पाई-इरिबुनी—के सिवाय।

हो सकता है कि 'इरिबुनी' शब्द का कब्जा करने पर बल देनेवाला अर्थ यूरेट्रियन लोगों द्वारा यहाँ कब्जा कर लेने के बाद ही रेखांकित और प्रचारित हुआ हो।

बकरी पर सवार ईशबा, इरिबुनी, येरेवान

जो हो, शरण पाने से लेकर कब्जा जमाने तक की यात्रा याद तो दिलाता ही है यह शब्द—इरिबुनी; यह नगर—येरेवान।

मेरे लिए, शरण पाने और कब्जा करने की इसी यात्रा को समझने का एक पड़ाव था, गारनी और फिर गेग्हार्द मॉनेस्ट्री। गारनी का सूर्यमन्दिर अब केवल ऐतिहासिक या टूरिस्टी महत्त्व की जगह है, जबकि गेग्हार्द मठ आरमीनिया के ही नहीं, दुनिया भर के ईसाइयों की आस्था का केंद्र। आज के आरमीनिया की इमारतों के स्थापत्य में भी और चेतना के स्थापत्य में भी, सामने तो गेग्हार्द मठ और एजमीआजीन का चर्च ही दिखते हैं, लेकिन नींवों में, आरमीनिया के अवचेतन में इरिबुनी और गारनी की आवाजें भी हैं।

अब हमें गारनी की ओर निकलना था, चारेंत्स आर्च होते हुए। आरमेन ने म्यूजियम के बाहर लगे नल का ठंडा, साफ पानी पीने का न्यौता देते हुए सूचना दी कि इस नल का पानी अभी भी, 'गारनी के कुएँ से ही आता है'। मैं अभी तक अपनी पौने तीन हजार साल पुरानी झोंक, और पत्थर के उन शानदार पाइपों के ग्लैमर से निकला नहीं था, पूछ बैठा, "क्या उन्हीं पाइपों से?"

आरमेन ने मेरी मूर्खता पर माथा पीटती नजरों को जितना हो सका, हँसती नजरों में बदला, और बताया, "पाइप बदल गए हैं, बदलते रहते हैं, पानी का स्रोत वही है..."

वैसे ही जैसे कि गारनी, गेग्हार्द, एजमीआजीन; स्टालिन फिर माँ

गारनी से इरिबुनी तक की पाइप-लाइन के अवशेष, इरिबुनी, येरेवान

आरमीनिया की प्रतिमा, और महात्मा चारेंत्स की कविता-साधना में बहती जीवन-धारा का स्रोत वही है, जहाँ आरमीनिया का अवचेतन अब तक शरण लेता है; जहाँ से अब हम चल रहे थे...'यहाँ पाई शरण'...इरिबुनी।

गारनी के रास्ते के समानांतर घाटी में बहती है आजाद नदी—जी हाँ, वही आजादी वाला आजाद...चारेंत्स मेहराब रास्ते में ही पड़ता है, मासिस शिखर को वहाँ से देख रहे चारेंत्स के आस-पास आजाद नदी भी बह रही थी।

आजाद नदी के किनारे, गारनी पहाड़ी पर राजा तारदात (प्रथम) ने सूर्य यानी मिहर के मन्दिर का निर्माण कराया। मिहर-मित्र का ही अर्थ-विस्तार फारसी भाषा में, मिहर यानी कृपा, अनुकंपा और मित्रता, दोस्ती में हुआ है। पारसी मिहर मिथिरा का रूप धारण कर अब रोमनों के भी मुख्य देवताओं में शामिल हो चुके थे। मिथिरा का अपना सम्प्रदाय या स्वायत्त मजहब ही खड़ा हो गया, खासकर रोमन सैनिकों के बीच। जहाँ-जहाँ रोमन गए, छावनियाँ बनाईं, वहाँ-वहाँ अन्य देवताओं के साथ मिथिरा को भी ले गए। सदियों बाद, दूसरे महायुद्ध में हुई तबाही के बाद, पुनर्निर्माण की कवायद शुरू होने पर, सितम्बर, 1954 में लंदन शहर में मिथिरा के रोमन मन्दिर के अवशेष प्राप्त हुए।

गारनी का मिथिरा-मन्दिर असल में एक दुर्ग या महल का ही अंग है । मन्दिर के आस-पास का ले-आउट चौथी सदी ईसा पूर्व का है। उस सदी में आरमीनिया में यूनानी संस्कृति का आगमन हुआ था, ईरान पर अलेक्जेंडर के हमले के दौरान। रोमन-पार्थियन संघर्ष के बीच फँसे तारदात ने 62 ईस्वी में रोमन सेनाओं को हराया जरूर लेकिन बाद में रोम के तत्कालीन शासक नीरो की शरण में जाने में ही भलाई देखी। कल्पना करता हूँ कि तारदात ने भी नीरो से कहा होगा—'इरि बुनी' (यहाँ पाई शरण)... । नीरो की तारदात द्वारा की गई स्तुति तो इतिहास में दर्ज ही है, 'हे देव, मैं तो आपकी वैसे ही पूजा करता हूँ जैसे कि मिहर की'। रोमन इतिहासकार प्लिनी के अनुसार तारदात ने नीरो को कुछ 'मैगी' रहस्य साधनाएँ सिखाकर उसका विश्वास अर्जित किया। मैगी प्राचीन ईरान के रहस्य-साधक थे, जरथुस्त्री और गैर-जरथुस्त्री दोनों प्रकार के। बेथलेहम के उस अस्तबल में तीन मैगियों ने ही आकर परमात्मा के इकलौते पुत्र की वंदना की थी, और उनकी रहस्य-साधना से ही अंग्रेजी शब्द-मैजिक—का निकास हुआ है। नीरो और तारदात की मित्रता के दौर में

ही मिहर की उपासना रोम पहुँची और फिर अपने रोमनावतार-मिथिरा—में मिहर रोम के अत्यंत लोकप्रिय (खासकर सैनिकों के बीच) देवता बन गए। इसी मित्रता के दौर में, 66 ईसवी में, तारदात ने गारनी पर मिहर या मिथिरा के इस मन्दिर का निर्माण आरम्भ कराया। स्वाभाविक ही कि मन्दिर का स्थापत्य ग्रीको-रोमन प्रकार का ही है। गारनी प्रासाद की नींव का पत्थर ही सूचित करता है, वह भी ग्रीक भाषा में कि 'आरमीनिया के शासक तारदात महान ने इस प्रासाद और मन्दिर का निर्माण हेलियोस की अभ्यर्थना के लिए किया है'। हेलियोस ग्रीक देवमंडल में सूर्य का नाम है। हेलियो कहें, मिहर कहें या मिथिरा, गारनी में मन्दिर बना रहा तारदात एक ही साथ इन तमाम सभ्यताओं में, अपने आराध्य सूर्यदेवता की आवाजाही रेखांकित कर रहा था।

भारत के मित्र से लेकर ईरान और आरमीनिया के मिहर तक, यूनान के हेलियो से लेकर रोम के मिथिरा तक सूर्य एक ही है, नाम भले ही अलग-अलग हों। आरमेन ने कहा भी, 'यहाँ तो आपको अपने देश की बहुत याद आएगी, आखिरकार सूर्यदेव की उपासना शुरू तो भारत से हुई थी न'।

आई, याद आई। कोणार्क की बाद में, ग्वालियर में दौलतगंज और हुजरात के मोड़ पर बने छोटे से सूरजनारायण मन्दिर की पहले।

गारनी मन्दिर की ज्यामिति में तीन ओर इसके गुणकों पर बल फौरन ध्यान खींचता है। भारत और यूनान दोनों में ज्यामिति और त्रिकोणमिति पवित्र विद्याएँ मानी जाती थीं। तीन का अंक विशेष महत्त्व रखता था। शुरुआत में वेदों की भी, और पुरुषार्थों की भी, त्रयी ही होती थी। वेदों में अथर्व और पुरुषार्थों में मोक्ष बाद में जुड़े। आज की हिन्दू परम्परा के त्रिदेव के साथ ही ईसाइयत की 'होली ट्रिनिटी' (पिता, पुत्र और पवित्रात्मा) भी यहाँ याद की जा सकती है। गारनी के मन्दिर के चबूतरे की सीढ़ियों की संख्या नौ है। नौ सीढ़ियाँ चढ़कर मन्दिर में पहुँचिए यानी जितनी बार मन्दिर जाएँ, याद दिलाइए स्वयं को वे नौ मास जिनसे गुजरकर आप सूर्य द्वारा उद्भासित इस जगत में आए हैं।

मन्दिर का गर्भगृह बरामदे और हॉल (कह लीजिए, नृत्यमंडप) के बाद तीसरे नंबर पर है। कुल चौबीस स्तंभ हैं।

गर्भगृह में देवस्थान तो अब खाली ही है । इसके सामने खाली हवनकुंड भी देखा जा सकता है।

सबसे रोचक लगा, मन्दिर के फर्श पर बने मोजैक में ग्रीक भाषा की लोकशैली में लिखा गया यह कथन—'हमें तो न सागर से मछलियाँ मिलीं न महासागर से...'

जाहिर है कि तारदात महान और उनके संरक्षक नीरो महान और दोनों के पूज्य मिथिरा महान में से कोई भी इस भव्य मन्दिर के निर्माण में दिन-रात खटनेवाले, जान गँवानेवाले मजदूरों के लिए, रोटियाँ और मछलियाँ देने वाले सागर, महासागर सिद्ध नहीं हुए। मजदूरों में से कुछ ने या शायद एक

गारनी का सूर्य मंदिर, येरेवान

ने ही हिम्मत दिखाई, अपने गुस्से का यह रचनात्मक इजहार करने की।

उस जमाने की किसी भी इमारत में, कहीं भी, किसी भी देश में जाता हूँ, महल, मन्दिर, मस्जिद या चर्च में—मन में यह सवाल उठता ही उठता है

सूर्य मंदिर में देव-प्रतिमा का खाली स्थान, सामने हवन-कुंड, गारनी, येरेवान

कि जिन्होंने बनवाया उनकी तो जय-जयकार, जिन्होंने बनाया उनका क्या? उन सच्चे निर्माताओं ने क्या कोई विधि नहीं खोजी होगी, अपना दु:ख इन्हीं इमारतों में कहीं छुपाकर रख जाने की?

यहाँ वह दु:ख रखा मिला इस मोजैक के टुकड़े में।

अफसोस, रोशनी ठीक न होने के कारण, कैमरा अच्छा न होने के कारण फोटो न ले सका। कुछ छवियाँ धीरे-धीरे धुँधलाने लगती हैं, उन्हें बचाए रखने के लिए किसी न किसी माध्यम की जरूरत पड़ती है। कुछ ऐसी भी होती हैं जिन्हें बचाने के लिए नहीं, बस दूसरों तक पहुँचाने के लिए माध्यम की जरूरत पड़ती है। अफसोस, आप तक नहीं पहुँचा पा रहा यह छवि। मेरे मन को तो जरूरत ही नहीं किसी फोटो या डायरी में किसी एंट्री की—याद रहेगा हमेशा, हमेशा—हमें तो न सागर से मछलियाँ मिलीं, न महासागर से...

चले हम गारनी के सूर्यमन्दिर से गेग्हार्द मठ की ओर, यानी आरमीनियाई चित्त के अन्तर्निहित स्थापत्य से प्रकट स्थापत्य की ओर; पैगन अतीत के पल से ईसाई वर्तमान के पल की ओर...

3 'यहीं उतरे थे परमात्मा के इकलौते पुत्र'

गेग्हार्द मठ गारनी से कोई दस किलोमीटर ही दूर है। बारहवीं-तेरहवीं सदी में यूरोप में ईसाई संतों ने ऐसे अनेक मठ यूरोप भर में बनाए थे। इस मठ को फलक-मठ (मॉनेस्ट्री ऑफ लांस) भी कहते हैं, क्योंकि यहाँ लोंजाइनस नाम के उस रोमन सैनिक के उस भाले का फलक (लांस) सुरक्षित था, जिससे उसने क्रॉस पर लटके जीसस की देह को कोंचा था। संत थादेदस और संत बॉर्थोलोम्यू इस फलक को आरमीनिया लाए थे। बाद में यह फलक एजमीआजीन चर्च ले जाया गया। मैंने इसके दर्शन वहीं किए, और भी रेलिक्स (पवित्र अवशेष) देखे, वहाँ एजमीआजीन में, लेकिन वह किस्सा अभी थोड़ी देर में। वैसे, किस्से का अन्दाजा आपको यहीं दे देता हूँ, यही फलक मध्यकालीन यूरोप में वियना, क्राकाउ और स्वयं रोम में भी सुरक्षित था। रेलिक्स ही नहीं, इस तरह के मठ पांडुलिपियों के लिए भी विख्यात होते थे, और हैं।

इस मठ में घूमते हुए अंबर्तो ईको के उपन्यास 'नेम ऑफ दि रोज' की याद तो आनी ही आनी ही थी। लगता रहा, ऐसे ही मठ में घटी होंगी वे घटनाएँ। ऐसे ही किसी कक्ष में रहते होंगे विलियम और एदबो। ऐसे ही किसी गलियारे में अँधेरे से अँधेरे की ओर जाते होंगे फादर जॉर्ज। उन्हें कोई गुरेज नहीं था, लोगों को हँसी, आनन्द और प्रेम सरीखे पापों से बचाने के लिए पुस्तकों से लेकर मनुष्यों तक की हत्या से। लेकिन बावजूद, फादर जॉर्ज के, जैसे उस मठ में गूँजी

थीं, यहाँ भी गूँजी होंगी—ज्ञान, प्रेम और साधना की अनेक आवाजें।

मन साझा होता रहा उन श्रद्धालुओं से, जो तीर्थ करने आए थे, इस मठ तक। साझेपन के साथ ही, अपने एकांत में लौटता रहा मन, इस पहाड़ी गुफा के कोने-अन्तरे टटोलता हुआ। शायद हर तीर्थ-यात्री एक स्तर पर दूसरों के साथ होता है, तो एक पर नितांत अकेला। इस अकेलेपन में ही जा पहुँचा, उस

गेग्हार्द मठ के जल-स्रोत के पास, येरेवान

कोने में जहाँ जल निरंतर बह रहा था, और जहाँ मठ के निर्माताओं ने पहाड़ी के इस अंदरूनी जल-प्रवाह के आसपास प्रार्थना और ध्यान का अवकाश रचा था। इस अवकाश में बैठकर, खड़े होकर अहसास होता है, पहाड़ के गर्भ में जीवन भरते प्रवाह के साथ होने का। आप कुछ कर ही नहीं सकते, मौन के रहस्य में विनम्र-भाव से चले जाने के सिवाय।

गेग्हार्द तीर्थस्थल है। लोंजाइनस का लांस अब भले ही एजमीआजीन में हो, लेकिन आरमीनिया की धरती तो उस पवित्र अवशेष ने पहले-पहल यहीं छुई थी। लोग आते हैं, आस्था के साथ, अपने परिवार और परिजनों के लिए सुख-संतोष की प्रार्थना के साथ। और उनमें से हरेक का नाम मन ही मन जपते हुए, उनके लिए स्वस्ति की कामना करते हुए प्रज्वलित करते हैं—मोमबत्तियाँ। आरमेन ने मोमबत्तियाँ लीं, थोड़े संकोच के साथ मुझे भी सुझाव दिया कि मैं भी चाहूँ तो ले लूँ 'मोम'। जी हाँ, मोम माने मोमबत्ती। आरमेन के मुँह से पहले मोम शब्द ही निकला था, मेरी सुविधा के लिए उच्चारा शब्द-'कैंडल'। जानकर मुस्कराए कि कैंडल की तुलना में मुझे मोम ही बेहतर समझ आता है। मुझे 'मोम' बालने का सुझाव देते आरमेन को संकोच यों कि आप 'ईसाई तो हैं नहीं, लेकिन फिर भी, यदि चाहें तो...'

मैं ईसाई नहीं, तो आर्यसमाजी भी नहीं हूँ, और न ही विभिन्न आस्थाओं

'मोम' बालते हुए आरमेन

के विरुद्ध खड्गहस्त पाँचवाँ सवार। मुझे भला क्या एतराज हो सकता था, गेग्हार्द में मोमबत्ती प्रज्वलित कर अपने प्रियों के लिए स्वस्ति-कामना करने में!

और एक छवि—मोम बाल कर, अपने मौन में, अपनी स्वस्ति-कामना, अपनी प्रार्थना में रत उस अनजान स्त्री की, जिसके चेहरे पर प्रार्थना का वह पल दिव्य आभामंडल की तरह चमक उठा था...

गेग्हार्द तीर्थस्थल है, सो यहाँ मठ के दरवाजे तक पहुँचाने वाले रास्ते में 'मोम' और देवार्पण के उपयुक्त अन्य वस्तुएँ बेचने वाली दुकानें भी हैं, खाने-पीने का सामान, बच्चों के खिलौने बेचने वाली दुकानें भी, और आने वालों का मनोरंजन कर, बख्शीश में कुछ पा लेने के इच्छुक कलाकार भी—

'मोम' बालते हुए—गेग्हार्द मठ में

प्रार्थना का पल, गेग्हार्द मठ, येरेवान

दुदुक-दर्दीली बाँसुरी—गेग्हार्द मठ, येरेवान

बीच वाले (पृ. 55 नीचे) सज्जन के हाथों में जो आप देख रहे हैं, वह है खुबानी की लकड़ी की बनी बाँसुरी-दुदुक। अद्भुत दर्दीली आवाज होती है इस दुदुक की। बाँस का हो या खुबानी का, खोखल से जब मनुष्य की साँस टकराती है तो आवाज दर्दीली ही निकलती है।

गेग्हार्द मठ में मोम बाल कर, जीसस क्राइस्ट के दर्शन, प्रार्थना करके बाहर निकले, आरमेन ने परिवार के लिए 'गाथा' खरीदी। मशहूर है गेग्हार्द की गाथा, येरेवान बल्कि आरमीनिया भर में। जो गाथा आप सुन-समझ रहे हैं, वह तो मशहूर है ही, लेकिन आरमेन ने जो खरीदी—वह गाथा थी—गेहूँ, अखरोट और शहद की ताजा बनी रोटी। थाली सा आकार, तीन तगड़े पराँठों की सी सेहत और दिव्य स्वाद। यह गाथा लिया जाना सुबह-सुबह, इरिबुनी के रास्ते में, आरमेन और श्रीमती आरमेन के बीच फोन पर हुए संवाद के अन्तर्गत किए जानेवाले कामों में से एक था। आरमेन के आमंत्रण पर, उनके साथ यह रोटी तोड़कर, इन देशों के रिवाज के मुताबिक, दोस्ती को मुहरबन्द किया। दम इतनी थी गेहूँ, अखरोट और शहद की इस गाथा में कि तीन टुकड़े खाने के बाद, देर रात तक किसी और गाथा की क्या, उपगाथा की भी जरूरत नहीं पड़ी। साथ में था, खुबानी के गूदे और शहद का बना अखरोट भरा रोल, जिसे गूदे और शहद से बनाते हैं, ऐन अपने आम-पापड़ की तरह, फिर आम-पापड़ की ही तरह, या अखरोट का चूरा भरकर, रोल बनाकर खाते हैं।

एक और गाथा—रोटी—से परिचय अगले दिन हुआ था, एजमीआजीन और लेक सेवान से लौटकर, जॉर्जियाई रेस्त्राँ—काकेशस—में भोजन करते हुए। यह थी खाचा-पूरी। खाचा माने पनीर, पूरी तो आप जानते ही हैं हालाँकि यह पूरी पित्जा सरीखी थी। पनीर जॉर्जिया में भले ही खाचा हो गया हो, आरमीनिया में पनीर ही है। वैसे ही जैसे हलवा हलवा ही है। इस रेस्त्राँ में लोक-मनीषा का अद्भुत उदाहरण भी देखने को मिला—मेज पर रखी मिट्टी की बनी मसालदानी की बनावट में। यह मसालदानी स्त्री-देह सी थी, हाथों में लाल और काली मिर्च लिये, पेट के खोखल में नमक लिये। कारण यह कि नाल काटते समय जच्चा की नाभि में नमक लगाया जाता है इन्फेक्शन से बचाव के लिए, सो मसालदानी के पेट में नमक...

खैर, लोक-मनीषा के ये दर्शन तो अगले दिन होने थे, एजमीआजीन और सेवान झील के दर्शनों के बाद। आज तो परमात्मा के इकलौते पुत्र के अनेक घरों

लोक-मनीषा—मसालदानी के पेट में नमक, काकेशस रेस्त्राँ, येरेवान

में से इस एक—गेग्हार्द—से निकलकर पहुँचे थे हम कविता के अनेक घरों में से एक तक—चारेंत्स के घर तक। और फिर सम्मेलन के उद्घाटन समारोह तक।

जहाँ उतरे थे परमात्मा के इकलौते पुत्र—यानी एजमीआजीन—वहाँ गए अगले दिन शाम को, लोक-सेवा आयोगों के सम्मेलन में प्रतिनिधित्व का दायित्व निभाने के बाद।

'एजमी माने अवतरण, आजीन माने भगवान का अकेला पुत्र' इति गायाने उवाच।

किसी यात्रा को याद करते हुए, हम सफलता आँकते हैं कि जो पाने गए थे, वह कितना मिला। सफलता का यह पैमाना महत्त्वपूर्ण है ही, लेकिन यात्राएँ यादगार केवल इस पैमाने पर खरी उतरने की वजह से नहीं बनतीं। मुझे मेक्सिको के दक्षिणी नगर ओहाका की यात्रा झापोतेक अवशेषों को देख पाने के कारण जितनी याद है, उतनी ही याद है उस अनाम यहूदी दंपती का अयाचित आतिथ्य पाने के कारण। आयरलैंड की यात्रा जॉयस टावर और ट्रिनिटी कॉलेज के कारण जितनी याद है, उतनी ही याद है, स्लाइगो के पास, टबरनाल कूप पर मिले पोस्टमैन बॉबी के कारण।

येरेवान इरिबुनी, एजमीआजीन, गारनी और चारेंत्स के कारण याद रहेगा; आरमेन और गायाने के कारण याद आएगा। आरमेन तो तीन दिन साथ रहे, गायाने से बस एक घंटे की मुलाकात हो पाई, आखिरी दिन, एयरपोर्ट के लिए रवाना होने के पहले ही। इस मुलाकात में ही गायाने ने बाकायदा कागज पर लिखकर बताया—'एजमी माने अवतरण, आजीन माने भगवान का अकेला पुत्र'। गायाने आग़ामालयान के पूर्वज ईरान जा बसे आरमीनियाइयों में से थे, माता-पिता लौटकर आरमीनिया आ गए। 'मालयान' यानी 'मालदार'। धनवान वंशनाम धारण करनेवाली गायाने विद्या की धनी और भारत की प्रेमी हैं। 'बच्चन' जी और अन्य कवियों, लेखकों के अनुवाद उन्होंने आरमीनियाई में किए हैं। भारत में दिलचस्पी रखने वालों की एक संस्था-'सरस्वती क्लब' भी चलाती है। गायाने ने बताया कि दुनिया भर की तरह, आरमीनिया में भी, नई पीढ़ी गंभीर साहित्य पढ़ने के प्रति उदासीन है—देश का हो या विदेश का। इस उदासीनता के साथ ही आरमीनिया की नई पीढ़ी भी 'मॉल' और 'पॉप' की अमेरिकी जीवन-पद्धति के प्रति अनुरक्त बल्कि दीवानी भी है। मन में सवाल आता है, इस अनुरक्ति के मूल में क्या सिर्फ समृद्धि की चाह है, या दुनिया भर के नौजवानों के चित्त में यह छवि बनाने में अमेरिकी समाज सफल हुआ है कि अमेरिका में प्रतिभा की परख और नवाचार का सम्मान होता है?

गायाने को तो लगता है कि बात यही है।

गायाने से आमने-सामने मुलाकात तो येरेवान से बस निकलते-निकलते ही हुई, लेकिन ईमेल संवाद लगातार जारी है। मजे की बात यह है कि इस संवाद में गायाने शब्दों का नहीं, छवियों का ही प्रयोग करती हैं, शब्द तो केवल छवि को सहारा देने के लिए आते हैं। वे भेजती हैं, चित्र, ग्रीटिंग

काड्र्स, पेंटिंग्स और साथ में पाँच-सात शब्द...

एजमीआजीन चर्च येरेवान से कोई पचीस किलोमीटर दूर वागहर्षापत नगर में स्थित है, यह नगर येरेवान का सेटेलाइट टाउन बन चुका है। नगर का नाम दूसरी सदी के शासक वागहर्ष से है, लेकिन नगर विख्यात है, एजमीआजीन चर्च के लिए, जहाँ पांडुलिपियों का विशाल संकलन था और है। आरमीनियाई भाषा को लिपि देनेवाले संत माश्तोज यहाँ साधना करते थे। यह चर्च आरमीनिया में ईसाइयत का सबसे प्रमुख स्थान, और दुनिया भर में फैले आरमिनीयाई ईसाइयों की आस्था का केंद्र है। आरमीनिया में ईसाइयत तीसरी सदी में, 'प्रबोधक' ग्रेगरी द्वारा लाई गई। तत्कालीन आरमीनियाई शासक तारदात तृतीय ने पहले तो उनका उत्पीड़न किया, फिर दैवीय चमत्कारों से प्रभावित होकर दुनिया के इतिहास में ईसाइयत को 'स्टेट रिलीजन' घोषित करनेवाला पहला शासक भी बना। चौथी सदी के पहले ही साल में ईसाइयत आरमीनिया का स्टेट रिलीजन घोषित हो चुका था, और संत ग्रेगरी 331 ईस्वी तक विद्यमान थे। संत ग्रेगरी की परम्परा का वाहक माने जाने के कारण ही, यह चर्च आरमीनिया का तो प्रमुखतम चर्च है ही, ईसाई सत्ता-तंत्र में भी इसका अद्वितीय महत्त्व है।

गायाने होटल आरारात की कॉफी-शॉप में, येरेवान

आस्थावान ईसाइयों के लिए तो एजमीआजीन का धार्मिक संदेश ही प्रमुख है, लेकिन दूसरों तक आस्था का संदेश पहुँचे न पहुँचे, धर्म–सत्ता के रौब–दाब का संदेश पूरे जोर–शोर से पहुँचता ही पहुँचता है। चर्च के पूरे कैंपस का विस्तार, इमारत का स्थापत्य, दरवाजों की बनावट, चर्च के अंदर की सजावट और मुख्य पादरी के बैठने की शानदार कुर्सी बिना एक शब्द बोले बता देती है आपको कि आप किसी प्रबल सत्ता–प्रतिष्ठान के आस–पास हैं, लेकिन चर्च में प्रार्थना करने या यूँ ही भ्रमण करने पर कोई रोक–टोक नहीं।

यहीं देखा उस भाले का फलक जिससे लोंजाइनस ने जीसस की देह कोंची थी।

मुख्य पादरी की कुर्सी एजमीआजीन चर्च, येरेवान

एक यही नहीं, एजमीआजीन को और भी कई 'रेलिक्स' सुरक्षित रखने का गौरव प्राप्त है। आस्थावानों के लिए सबसे बड़ी बात तो यह कि जिस पर जीसस को यातनाएँ दी गई थीं, उस क्रॉस का एक टुकड़ा तक एक रत्नजटित स्वर्ण–मंजूषा में सुरक्षित है...

इसके अलावा आप यहाँ नूह की नौका का टुकड़ा भी देख सकते हैं, और जॉन दि बेपटिस्ट के हाथ की हड्डी भी। इन सबकी प्रामाणिकता के बारे में मेरा संतोषजनक ज्ञानवर्द्धन किसी ने नहीं किया। शायद कोई कर भी नहीं

सकता था, पवित्रावशेषों-रेलिक्स—का मामला है ही ऐसा।

ईसाइयत के इतिहास में रेलिक्स के संग्रह का अपना रोचक इतिहास है। मध्यकाल में रेलिक्स आस्था के कम, ताकत के प्रतीक अधिक थे, सो हर बड़ा चर्च, हर बड़ा आदमी स्वयं जीसस और उनके साथी के न सही तो किसी न किसी संत के शरीरावशेष या किसी वस्तु का 'संरक्षक' अवश्य बनना चाहता था। अब, असली रेलिक्स की संख्या तो सीमित ही हो सकती है, सो, आस्थावानों की जरूरतें पूरी करने वाले 'असली' कलाकार उत्पन्न हुए।

लोंजाइनस के भाले का फलक, एजमीआजीन, येरेवान

अंबर्तो ईको का एक उपन्यास है-'बॉदोलिनो'। जर्मन सम्राट फ्रेडरिक बारबरोसा (1122-1190) के काल में घटती हैं इस उपन्यास की घटनाएँ। उपन्यास में बोइदी नाम का चरित्र रेलिक्स गढ़ने में उस्ताद है। उसने मसीहा के आने की पूर्व घोषणा करनेवाले, स्वयं जीसस को बपतिस्मा देनेवाले जॉन दि बेपटिस्ट के कई सर गढ़े हैं जिनमें से, वह बताता है बॉदोलिनो और अन्य दोस्तों को कि दो तो कांस्टेटिनोपल में ही हैं। एक संकट से निकलने के लिए, बोइदी की एक्सपर्ट गाइडेंस में ही बॉदोलिनो और उसके दोस्त गढ़ते

हैं अनेक रेलिक्स—जीसस जिस पर सताए गए, उस क्रॉस की कील; जिसमें रख कर उन्होंने रोटी-मछली के चन्द टुकड़ों से हजारों को तृप्त किया, वह टोकरी; और संत ऐन का दाँत...मजे की बात यह कि बॉदोलिनो, बोइदी और अन्य साथी ये सब दुर्लभ, दिव्यावशेष कांस्टेटिनोपल में बेचने को निकलते हैं आरमीनियाई सौदागरों का वेश धारण कर...

आरमीनियाई सौदागर दुनिया भर में व्यापार करते थे। कोलकाता में भी उन्नीसवीं सदी तक आरमीनिया के सौदागर मौजूद थे। वे अपने पुतलीघरों में स्थानीय कारीगरों से कपड़ा बनवाते थे, और दुनिया भर में बेचते थे। ऐसे पुतलीघरों का विनाश प्लासी-युद्ध के बाद ईस्ट इंडिया कम्पनी ने ही किया ताकि

जिस पर ईसा को सूली दी गई, उस (!) क्रॉस का टुकड़ा, एजमीआजीन, येरेवान

मजूर औने-पौने मजूरी करने पर विवश हों। आरमीनियाई लोगों का भारत से संपर्क बहुत पुराना रहा है। अकबर के समय में आगरा में आरमीनियाई व्यापारी भी थे, उनका चर्च भी। कोलकाता में आज तक आरमीनियाई आबादी और चर्च हैं। आरमीनियाई में हिन्दी 'हाँ' से लेकर 'हाल-चाल' (आरमीनियाई दोस्त कह सकते हैं कि हिन्दी में आरमीनियाई 'हाँ' से लेकर 'हाल-चाल') तक की मौजूदगी इसी संपर्क का प्रमाण है।

जहाँ आज एजमीआजीन चर्च है, वहाँ पहले देवी माँ सांदारामेत का मन्दिर था। जीसस ने यहाँ उतरकर स्वप्न में आदेश दिया, तारदात और संत ग्रेगरी को कि मुझे यहीं चाहिए अपना उपासना-स्थल। एजमी माने अवतरण; आजीन माने भगवान के इकलौते पुत्र...एजमीआजीन याद दिलाता है आस्थावानों को, दूसरों को भी कि यहीं उतरे थे भगवान के इकलौते पुत्र...

इस अवतरण के बाद, देवी माँ के मन्दिर को ध्वस्त कर चर्च बना दिया गया। इरिबुनी शब्द में इरि तो 'यहाँ' ही रहा, लेकिन बुनी में निहित शरण की जगह ले ली अधिकार ने। जहाँ परमपिता के कोप से बचकर भागते बच्चों को माँ अन्नपूर्णा ने शरण दी थी, वहाँ अब पिता के इकलौते पुत्र के भक्तों की मंडली यानी चर्च का कब्जा हो गया। माँ को मन्दिर छोड़ना पड़ा...कहाँ जाती माँ अपने मन्दिर, अपने निवास से निष्कासित होकर? जिन्हें इतिहास से निकाल दिया जाता है, उन्हें भाषा और स्मृति के सिवाय कहाँ ठिकाना मिल सकता है? मासिस पर्वत के रूप में, नूह की नौका के बहाने प्राणिमात्र को शरण देनेवाली माँ अन्नपूर्णा ने परमात्मा के इकलौते पुत्र के अवतरण के बाद शरण वहीं पाई जहाँ पा सकती थीं; यानी भाषा के मुहावरों में, मुहावरों को रचनेवाली स्मृतियों में। माँ सांदरामेत प्रतिमाओं में हों न हों, आवाजों में हैं, इतिहास में हों न हों, स्मृति में आज तक मौजूद हैं।

आरमेन का ही था यह फैसला कि सबसे अन्त में चलेंगे लेक सेवान। इस झील का विस्तार अद्‌भुत है। आरमीनिया के सारे भू-विस्तार का शायद पाँच फीसदी इस झील का ही है। सेवान के सुनील विस्तार को देखकर कुछ कहते ही नहीं बना, अब भी वही हाल है; बस गोर्की के शब्द याद आ रहे हैं, "लगता है, बादलों ने पहाड़ों के बीच उतरकर पानी का रूप ले लिया है।" क्या कहा जा सकता था, क्या कहा जा सकता है...बस, मन में सोचा फिर से आना है, कुछ और समय लेकर आना है...

झील के पास पहाड़ी पर चर्च है, और चर्च जाने के रास्ते में दर्जनों छोटी-छोटी गुमटियों पर मिलते हैं, आस्थावानों के लिए अर्चना के सामान, जीसस की, ईसाई संतों की, खासकर आरमीनियाई संतों की तस्वीरें; टूरिस्टों के लिए स्मृतिचिह्न—'सूविनियर'।

यों ही एक स्टाल पर रुक गए थे, 'विंडो शापिंग' सरीखी करने के लिए, लेकिन टूरिस्ट को विंडो-शापिंग' करके ही चले जाने दे, वह दुकानदार ही

क्या? यहाँ तो एक छोटी सी बच्ची थी, 'सिर्फ और सिर्फ लेक सेवान में ही मिलनेवाले, और सौभाग्य सुनिश्चित करनेवाले, हल्के नीले पत्थर' की कुछ मालाएँ खरीदनी ही पड़ीं।

"पत्नी के लिए तो खरीद रहे हैं, आपकी बेटी भी तो होगी?"

"हाँ, बेटी है, तेरे जैसी ही प्यारी, लगातार बतियाने वाली...खूब प्यार और उतना ही खूब झगड़ा करनेवाली...उसके लिए तो जरूर ही खरीदनी हैं मालाएँ..."

कुल तीन रातें बिताईं येरेवान में। डेढ़ दिन का समय लोक-सेवा आयोगों के सम्मेलन को अर्पित हुआ। इस थोड़ी-सी अवधि में येरेवान 'देख' और 'घूम' तो बहुत ही कम सका, लेकिन येरेवान से और खुद से बातें बहुत कीं, अब तक कर रहा हूँ। 'वान' शब्द स्थान या आबादी को सूचित करता है। इस स्थान से लौटने का मन हो न हो, लौटना तो है ही...अन्ततः हर स्थान से लौटना ही है...वापस आने की उम्मीद के साथ, वापस आने के दिलासे और वादे के साथ...लेकिन लौटना तो है ही...

लेक सेवान के नीले जल के सामने खड़ा था कि बरसों पहले पढ़ी कविता के शब्द याद आए, स्वयं को दिया जा रहा आश्वासन बनकर, शरारती चुनौती बनकर, दर्द भरा सवाल बनकर :

दिया मन को दिलासा-पुनः आऊँगा,
भले ही बरस-दिन, अनगिन युगों के बाद
क्षितिज ने पलक-सी खोली

दमक कर दामिनी बोली : 'अरे यायावर, रहेगा याद?'

रहेगा, रहेगा याद।
आना है पलट कर सेवान,
रहेगा याद यह दिलासा, यह वादा, येरेवान।

सेवान झील

बयान अस्त्राखान

1 एक नीला आईना...

'एक नीला आईना, बेठोस सी यह चाँदनी...'

न जाने कितनी बार पढ़ी है शमशेर की यह कविता, कितने लोगों के साथ बात की है , लिखा भी है इस कविता के बारे में...लेकिन इस कविता को आँखों के सामने आज पहली बार देख रहा हूँ...

'...और अंदर चल रहा हूँ मैं उसी के महातल के मौन में
मौन में इतिहास का एक कन किरन जीवित बस...'

इतिहास के उसी एक जीवित कन किरन की खोज में चला आया हूँ, इतनी दूर कैस्पियन सागर से दो सौ मील इधर, वोल्गा के कछार में बसे इस नगर अस्त्राखान में...

होटल की पाँचवीं मंजिल पर है यह कमरा जिसके छज्जे में खड़ा हूँ, लेकिन चल रहा हूँ नीले आईने और बेठोस चाँदनी के महातल के मौन में...

नौ सितम्बर की रात के कहूँ, या दस सितम्बर की सुबह के... दो बजे हैं, बस अभी एयरपोर्ट से होटल पहुँचे ही हैं, सामान तक नहीं खोला है, इस दृश्य के बुलावे पर चला आया हूँ यहाँ बालकनी में, कैमरा हाथ में है, नीलापन ही नीलापन है सब तरफ। इत्ता सारा नीलापन, चाँद से लेकर इस दानवाकार क्रेन तक, उस छोटे से जहाज के नीम-अँधेरे कोनों से लेकर वोल्गा के पानी की शांत-चित्त थिरकन तक...पता नहीं कितनी देर खड़ा रहा मैं यूँ ही ख़ामोश...अपने आप से भी

कोई बात नहीं, बस चुपचाप अपने अकेलेपन में...शमशेर की ही एक और कविता याद आती रही—'मुझे न मिलेंगे आप/ आपका एकाकी पल हूँ मैं...'

वोल्गा है और है मेरा अकेलापन।

कैमरे की सहायता से जिसे पकड़ा है वह तस्वीर भर है, उस मौन की बस छाप, केवल स्मृति। किसी भी अनुभव के बाद वही तो बचती है। अनुभव तो गया, बीते पल के साथ...अपनी आभा, अपनी नीलिमा मेरी स्मृति के हवाले कर। गया तो सही, लेकिन एक बार फिर से याद दिलाकर कि कुछ पल कभी कल नहीं बनते, कुछ अतीत कभी व्यतीत नहीं होते।

उस अनुभव के पल में, उसकी स्मृतियों के पलों में, ऐन तब से लेकर अब तक...उसे कहने की जो हौंस और न कह पाने की जो विवशता मन में व्याप जाती है, वह बुला लाती है एक और स्मृति को, तुलसीदास की उस पंक्ति की स्मृति –'उर अनुभवति कह न सकि सोई, कवन विधि कहे कवि कोई...।' जो अनुभव सीता स्वयं न कह सकीं, उसे कहने की विधि खोजने की बेचैनी ने ही तो कराई थी रामचरितमानस की रचना। यही बेचैनी तो संभव कराती है न जाने कितने और कैसे-कैसे रचना-संसार!

'मुझे न मिलेंगे आप/ आपका एकाकी पल हूँ मैं...'

कुछ देर के लिए तो मिल गया था मैं उसे, बल्कि हवाले हो गया था मैं अपने एकाकी पल के, वोल्गा की कृपा से। अपनी साँवली देह पर चाँदनी की जो चादर वह ओढ़े चली जा रही थी, उसी में वोल्गा ने मेरे उस एकाकी पल को भी लपेट लिया था; और बहे जा रहे थे हम। एकदम खामोश, नीरव... वोल्गा का साँवलापन, चाँदनी की शांत चमक और मेरा एकाकी पल।

न जाने कब तक चलता रहा यह सफर, न जाने कब तक चलता रहेगा...

असल में तो यह सफर वोल्गा की तरफ ही होना था, येरेवान बोनस में मिला। येरेवान से मॉस्को के लिए फ्लाइट पकड़ने के समय मेरे 'घुंघरुओं' ने खासा दुखी किया। जी नहीं, मैं कत्थक या भरतनाट्यम के घुंघरुओं की बात नहीं कर रहा, घुटनों के दर्द को काबू रखने वाले व्यायाम में काम आने वाले 'वेट्स' की बात कर रहा हूँ। दिल्ली से मॉस्को और मॉस्को से येरेवान तक तो किसी को खटके नहीं, लेकिन येरेवान से मॉस्को की फ्लाइट के लिए सामान बुक कराकर चले अपनी सुरक्षा जाँच के लिए कि वहाँ बैठी देवी ने रोक लिया। अब उनकी रूसी और अपनी अंग्रेजी में संवाद किसी तरह हो ही

वोल्गा की साँवली देह पर चाँदनी की चादर, अस्त्राखान

न पाए; वे दो-एक वाक्य अंग्रेजी में फरमा भी लें, मैं रूसी का क्या करूँ? गनीमत यही कि मुझे छोड़ने आए अरूप गायन जी फौरन ही वापस नहीं चले गए थे, बल्कि संकटमोचक की भूमिका निभाने के लिए उपलब्ध थे। मेरा संकट देख वे आए और मालूम पड़ा कि हमें वापस जाकर अपना सूटकेस खोलकर दिखाना होगा तभी वह चेक-इन में जाएगा। इस आदेश का पालन करते हुए सूटकेस खोला तो खुद को भी लगा कि लपेटकर रखे गए दो-दो किलो के वेट एक्सरे मशीन को नागवार तो गुजरे ही होंगे।

यात्रा पर हम गृहस्थी-सी ले जाते हैं पूरी की पूरी,और इस चक्कर में न तो सफर को पूरी तरह जी पाते हैं, न गृहस्थी को। दो दिन के लिए जाते हुए कितनी किताबें लाद लेता हूँ और कितनी पढ़ पाता हूँ, इस सवाल का जवाब बचपन से अब तक दुख देता रहा है। ये 'वेट्स' जो लपेटकर रखे होने के कारण एक्सरे मशीन को बम-गोले से लगे होंगे, लादे इसी नेक इरादे से गए थे कि रोज सुबह व्यायाम किया जाएगा। लेकिन खोलने की नौबत आई तो बस यहीं सिक्योरिटी के कारण, यही झंझट वापसी में अस्त्राखान एयरपोर्ट पर हुआ। शरीर का वजन घटाने में नहीं, सामान का वजन बढ़ाने में ही इन्होंने

योगदान किया। येरेवान के सिखाए सबक के बाद कसम खाई कि व्यायाम हो न हो, ये वेट्स अब मेरे साथ हवाईजहाज की यात्रा तो कभी नहीं करेंगे।

मॉस्को हवाई अड्डे पर भारतीय दूतावास के श्री दुर्गानन्द झा के साथ इंतजार कर रहा था, अनिल जनविजय का। हम दोनों को यहीं से साथ होना था। अनिल थोड़ी देर में प्रकट भए, तीन दिन की यात्रा के लिए, सामान के नाम पर बस एक कंधझोला। बताया कि उनका अन्दाजे-सफर है ही ऐसा। जरूरत ही नहीं, ज्यादा सामान की। बस दो जोड़ी कपड़े। तीन दिन के लिए और क्या चाहिए? जो कसम येरेवान एयरपोर्ट पर खाई थी, उसमें अब हीरामन द्वारा खाई गई कसमों की दृढ़ता का मिश्रण और हो गया। खामखाह लिए घूम रहा हूँ ये घुंघरू—ये दो-दो किलो के वेट...जिन्होंने डिप्लोमेटिक पासपोर्ट के प्रभाव का हाल यह कर दिया कि, 'महिमा घटी समुद्र की, रावन बस्यो पड़ोस...'।

एयरपोर्ट का सीन बहुत ही जोरदार था। गर्मी की छुट्टियों में जैसा अपने नई या पुरानी दिल्ली रेलवे-स्टेशन का होता है, वैसा ही। खुला मौसम, सप्ताह का अन्त। लग रहा था कि हर कोई महानगर से दो दिन के लिए भाग जाने पर उतारू है। हमारी फ्लाइट शौकिया मच्छीमारों से भरी हुई थी। मॉस्को-वासियों के लिए अस्त्राखान का एक बड़ा आकर्षण है, शहर के आस-पास मच्छी मारना। अपने इरादे की घोषणा साथ ले जा रहे कील-काँटे से करते बहुत से लोग इस फ्लाइट में थे। अस्त्राखान के कैवियर बहुत मशहूर हैं, हों, अपन जैसे शाकाहारी को क्या? कुछ देर, अनिल से बात करता रहा, उनके परिवार के बारे में, मॉस्को में रहने के अनुभव के बारे में। सोवियत-काल और आजकल के हाल के बारे में। इन बातों के साथ-साथ खुद से भी बातें चल ही रही थीं। पूरे दो साल हो गए 'अकथ कहानी' को प्रकाशित हुए। इसे लिखने के दौरान पढ़ा जैक गुडी की किताब, 'दि ईस्ट इन दि वेस्ट' में, फिर ऑक्सफोर्ड यूनिवर्सिटी प्रेस के 'इन्सायक्लोपीडिया ऑफ इंडियन डायस्पोरा' में कि रूस के अस्त्राखान शहर में भारतीय व्यापारियों की गुलजार बस्ती थी, रूस के विदेश-व्यापार में अच्छा-खासा दखल था, मॉस्को में भी इन व्यापारियों की खासी मौजूदगी थी, जार के दरबार में प्रभाव था।

लेकिन अस्त्राखान का नाम पहली बार सुने कितने साल हुए?

जवाहरलाल नेहरू 'डिस्कवरी ऑफ इंडिया' के एक फुटनोट में, 'किसी

रूसी दोस्त' द्वारा उनके ध्यान में लाए गए दस्तावेजों के आधार पर बताते हैं कि 'जार मिखाइल फेद्रोविच (1613-1645) के शासन-काल में भारतीय व्यापारी वोल्गा किनारे बसे हुए थे। अस्त्राखान की हिन्दी सराय, वहाँ के गवर्नर के आदेश पर, 1625 में बनाई गई थी। 1695 में रूस का व्यापारिक प्रतिनिधि सिमियन मेलेंकी औरंगजेब के दरबार में हाजिर हुआ था। 1722 में जार पीटर ने अस्त्राखान की यात्रा की और भारतीय व्यापारियों की समस्याएँ सुनीं। 1745 में कुछ भारतीय साधुओं के अस्त्राखान पहुँचने की बात भी इन दस्तावेजों में दर्ज है' ('डिस्कवरी ऑफ इंडिया', ऑक्सफोर्ड यूनिवर्सिटी प्रेस, नई दिल्ली, 2003, पृ. 264)।

'डिस्कवरी ऑफ इंडिया' लिखी गई थी, 1942 में। अपन ने पहली बार पढ़ी थी, शायद 1972 में, लेकिन उसके पहले हम नेहरूजी की सरकार के जमाने में ही तैयार की गई, इतिहास की स्कूली किताबों में पढ़ चुके थे कि अंग्रेजी राज के पहले, बल्कि उसके कायम होने के बाद भी, हिन्दू तो समुद्र-यात्रा को पाप मानते थे। अंग्रेजी ढंग से 'आधुनिक' हो जाने के कारण, नेहरू खानदान तो इन अंधविश्वासों से मुक्त हो चुका था, लेकिन 'पारंपरिक' परिवार के होने के कारण, गाँधीजी और उनके जैसे कई लोगों को समुद्र-यात्रा दोष-निवारण के लिए 'प्रायश्चित्त' करने पड़ते थे। यह सब भी नेहरू युग की स्कूली किताबें हम बच्चों को बताती थीं। आज की किताबें भी बताती हैं।

सन 1972 में, 'डिस्कवरी ऑफ इंडिया' पढ़ कर मन में सवाल उठा तो सही, लेकिन, जिसे मुक्तिबोध 'आभ्यंतरीकृत सेंसर' कहते हैं, उसके हवाले भी हो गया-अस्त्राखान पहुँचने में समुद्र क्या कहीं भी पार नहीं करना पड़ता था? अस्त्राखान जानेवाले और वहाँ बस जानेवाले व्यापारियों में क्या कोई भी हिन्दू नहीं होता था? जो बातें नेहरू 'भारत की खोज' लिखते/ करते समय जान रहे थे, भारत के प्रधानमंत्री बनकर भूल गए थे क्या?

कबीर की कविता और उनके समय के बारे में रिसर्च करते हुए, आरंभिक आधुनिक काल के भारत के विदेश-व्यापार पर थोड़ा व्यवस्थित रूप से ध्यान गया। जिस काल को 'जबदी हुई मनोवृत्ति का काल' कहा जाता है, वह काल मुझे खासी सामाजिक-व्यापारिक और बौद्धिक गतिशीलता का समय लगने लगा। यह सवाल भी मन में बारंबार आता था कि जो हिन्दू समुद्र पार ही नहीं करते थे, वे उस समय की 'सभ्य दुनिया' के कोने-कोने में, पूरब से पश्चिम तक—

वियतनाम, कंपूचिया से लेकर रूस और इथियोपिया तक—पहुँच कैसे जाते थे?

दुनिया के कई देशों में जाने, रहने का सौभाग्य मिला है मुझे, और इस सौभाग्य के फलस्वरूप यह डरावनी सच्चाई उजागर हुई है कि अपने समाज और अपनी परम्परा की इतनी इकहरी समझ से सम्पन्न (!) बौद्धिक वर्ग शायद ही किसी और देश में हो। भारत के बौद्धिकों ने, और सामान्य लोगों ने भी, परम्परा को रोजमर्रा की जिन्दगी से काटकर देखने की आदत डाल ली है। कुछ लोग किसी स्वर्णिम अतीत की पीनक में रहते हैं, तो कुछ को भारत का सारा का सारा सांस्कृतिक अनुभव बर्फीली चट्टान-सा लगता है। अंग्रेजी तालीम से उपजा बंगाल पुनर्जागरण तो हमें याद रहता है, पाठ्यक्रमों के जरिये याद दिलाया जाता है; लेकिन अठारहवीं-उन्नीसवीं सदियों में, धार्मिक भ्रष्टाचार के विरुद्ध हरियाणा के चरनदास का संघर्ष, स्त्री की दशा के प्रति मारवाड़ी दरिया साहब की संवेदनशीलता, बिहार के दरिया साहब का 'एक्टिविज्म' जैसी चीजें हमारे सामूहिक चित्त के ध्यान में कोई जगह नहीं पातीं।

कुछ ही समय पहले के अतीत ('इमीजिएट पास्ट') में विद्यमान गतिशील, निरंतर रूपांतरित होती जा रही परम्परा के प्रति तिरस्कार नहीं तो उपेक्षा का भाव बंगाल के नवजागरण में भी था, और आर्यसमाज तथा अन्य आंदोलनों में भी। मैकाले द्वारा परिकल्पित 'आधुनिक' शिक्षा-पद्धति का तो आधार ही यह तिरस्कार भाव था। इन सब चीजों का ही नतीजा है कि परम्परा और संस्कृति की किताबी धारणाओं ने रोजमर्रा की जिन्दगी में विकसित हो रही व्यावहारिक संस्कृति और परम्परा को बौद्धिकों के मानस से धकिया ही दिया है। रोजमर्रा की चाल-चलगत में रूप बदलती परम्परा की जगह हमने 'क्लासिक अतीत' तक सीमित परम्परा की जड़ प्रतिमा बना ली है। कुछ लोग इस प्रतिमा के पुजारी बनकर खुश हैं तो कुछ स्वयं को प्रतिमा-भंजक के तौर पर पेश करते रहते हैं। इकहरेपन के इन दोनों रूपों का सार एक ही है—परम्परा के वास्तविक, गतिशील रूप का पूरा नकार और इस नकार की स्वाभाविक परिणति है—आत्मघृणा। भारत में औपनिवेशिक आधुनिकता की सबसे बड़ी कामयाबी यही है कि उदार, प्रगतिशील, या आधुनिक होने का बपतिस्मा कराने के लिए सांस्कृतिक आत्मघृणा के जल में अभिषिक्त होना आवश्यक है। मैंने किसी और समाज के बौद्धिक को ऐसी सांस्कृतिक आत्मघृणा से ग्रस्त नहीं देखा है। यह आत्मघृणा नये सिरे से उपनिवेशीकरण को न्यौते भी दे रही है।

2011 में, 'रिवर ऑफ स्मोक' के प्रकाशन के तुरंत ही बाद दिये गए , अमिताभ घोष के एक इंटरव्यू में दर्द के साथ खीज भी है और एक भयानक संभावना की खबर भी। कहते हैं, ''इस समय के भारत में औपनिवेशिक दौर के प्रति जैसा नॉस्टेल्जिया देखने को मिल रहा है, अब तो उस पर शर्मिन्दा होने की ताकत तक जुटाना मुश्किल होता जा रहा है। जितना ब्रिटिश राज के दौरान था, उससे कहीं अधिक उपनिवेशीकृत भारत आज है। बड़े होटलों में यह साबित करने की होड़ सी दिखती है कि 'राज' के सबसे बड़े भक्त तो वे ही हैं। तरह-तरह के कॉलोनियल सरंजाम और नाम इन होटलों में जुटाए जाते हैं। इन लोगों को लगता है कि इस हरकत से विदेशी पर्यटक प्रसन्न होते होंगे, वे बेचारे असल में, शायद संकोच और शर्म महसूस करते हैं। लगता है कि जैसे भारत का अपना तो कुछ था ही नहीं, नया कुछ गढ़ने की इच्छा तक नहीं थी! हो क्या रहा है? 2011 में ईस्ट इंडिया कम्पनी का पुनर्जन्म? पता नहीं, आगे क्या देखने को मिलने वाला है। गाजीपुर ओपियम फैक्टरी नाम का रेस्त्राँ? हवाई अड्डों पर कुली डिपो नाम के प्रतीक्षालय? प्रिजन आइलैंड नाम का रिजॉर्ट, या अफीम युद्धों के स्मारकों की गैलरी'' ('कंपनी मैन', सलिल त्रिपाठी, 'कैरेवान', 1 सितंबर., 2011)?

'अधिक उपनिवेशीकृत भारत' क्या केवल फाइव स्टार होटलों तक सीमित है? क्या इसका स्रोत केवल पर्यटक-प्रेम में है? 'औपनिवेशिक दौर के प्रति नॉस्टेल्जिया' का मूल स्रोत वही है, जो आम तौर से किसी समाज के सुशिक्षित वर्ग के बीच मौजूद विभिन्न संस्कारों, रुझानों आदि का होता है? शोध-संस्थान, विश्वविद्यालय, चिंतन-तंत्र, सूचना-तंत्र...यानी कॉमन-सेंस की रचना करने वाला सारा ताम-झाम। इस ताम-झाम का स्वभाव जैसा है, सब जानते हैं। अमिताभ घोष को संतप्त करनेवाला कॉलोनियल नॉस्टेल्जिया एक तो उस स्वभाव का नतीजा है, साथ ही काफी कुछ कृपा पिछले कुछ बरसों से भारत में अमेरिकी चिंतन-तंत्र और फंडिंग तंत्र द्वारा ली जा रही दिलचस्पी की भी है।

अनुपम मिश्र ने, 1993 में प्रकाशित, 'आज भी खरे हैं तालाब' की शुरुआत जिस वाक्य से की है, उसमें सूक्ति की-सी गढ़न तो है ही, वह दर्द भी है जो किसी भी संवेदनशील इनसान के दिल में भारत ही नहीं, सारे गैर-यूरोप के साथ यूरोकेन्द्रित इतिहास-बोध के द्वारा किए गए व्यवहार के कारण

उठता है। अनुपम मिश्र के शब्द हैं, "सैकड़ों हजारों तालाब अचानक शून्य से प्रकट नहीं हुए थे। इनके पीछे एक इकाई थी बनवाने वालों की तो दहाई थी बनाने वालों की। यह इकाई-दहाई मिलकर सैकड़ा हजार बनती थी। पिछले दो सौ वर्षों में नए किस्म की थोड़ी-सी पढ़ाई पढ़ गए समाज ने इस इकाई, दहाई, सैकड़ा, हजार को शून्य ही बना दिया।"

'नए किस्म की थोड़ी सी पढ़ाई' की ही माया है कि भारत के व्यापार का इतिहास बेशक लिखा जाता है लेकिन यह नहीं सोचा जाता कि ऐसे व्यापार और इतने अन्तर्राष्ट्रीय संपर्कों के बावजूद कोई समाज जड़ का जड़ कैसे बना रहा हो सकता है? इस 'वैज्ञानिक' अंधविश्वास का क्या कीजे कि व्यापार यूरोप में सामाजिक परिवर्तन भी लाता है, राष्ट्रवाद भी, और साम्राज्यवाद भी, लेकिन भारत में इतने बड़े पैमाने पर अन्तर्देशीय और विदेश-व्यापार होने के बावजूद, भारत तो साहब, 'न सावन सूखे न भादों हरे' वाली शाश्वतता में ही डूबा रहा। वर्ण-व्यवस्था और जाति-प्रथा वैसी ही बनी रही जैसी कि हजारों साल से चली आ रही थी, राजसत्ता बस ऊपर-ऊपर की चीज बनी रही, समाज और अर्थतंत्र जजमानी के ही आधार पर चलता रहा।

कोई पूछे कि समुद्र पार करने से जिनका धर्म भ्रष्ट हो जाता था, वे लोग कैसे एक तरफ मिस्र, अफ्रीका और रूस तक और दूसरी तरफ स्याम देश (थाईलैंड), कंपूचिया, वियतनाम और इंडोनेशिया तक व्यापार करने चले जाते थे? जाकर वापस भी आते थे, जात-बाहर हो कर, बाहर के ही होकर नहीं रह जाते थे; तो उत्तर मिलता है कि व्यापारी तो पहले मुसलमान और बाद में यूरोपीय होते थे, हिन्दू तो केवल दफ्तरी, गुमाश्ते और कारकुन होते थे, इन्हें समुद्र पार करना ही नहीं पड़ता था।

वास्तविकता कुछ और है। और कई प्रमाणों की तरह अस्त्राखान के हिन्दू व्यापारी भी उस वास्तविकता के ऐसे प्रमाण हैं, जिस पर ध्यान देने की जरूरत ही नहीं महसूस की जाती। वे ऐसे पात्र हैं जो सैकड़ों सालों से अपने लिए लेखक तलाश रहे हैं। वे हिन्दी सराय में बुला रहे हैं, कोई जाने को तैयार नहीं। अस्त्राखान की हिन्दी सराय की ये आवाजें, यों तो काफी पहले से सुनता रहा था, धुँधली-सी यादें बनी हुईं थीं। 'डिस्कवरी ऑफ इंडिया' के अलावा, राहुल जी के 'मध्य एशिया के इतिहास' में भी अस्त्राखान के व्यापारियों के भारत-संपर्क का उल्लेख

है। 'अकथ कहानी प्रेम की' लिखने के दौरान इन आवाजों की धुँधली यादें तो ताजा हो ही गईं, कुछ और आवाजें भी सुनाई देने लगीं। भारत के साथ-साथ अन्य सभ्यताओं के इतिहासों से भी आती हैं ऐसी आवाजें, जिन्हें औपनिवेशिक इतिहास-दृष्टि के अंधविश्वास दबाते रहे हैं। ऐसी आवाजें मुझे बुलाती रहती हैं-कभी मेक्सिको तो कभी अस्त्राखान।

इन्हीं आवाजों को सुनने की उत्सुकता ने, अस्त्राखान में हिन्दी-सराय बनाने वाले, वोल्गा किनारे के तातार-बाजार में अपने मकानों और मकामों के अब तक दिखनेवाले निशान छोड़ जानेवाले मुलतानियों, मारवाड़ियों, सिंधियों, गुजरातियों से बात करने की बेचैनी ने ही कराया मेरा यह सफर-हिन्दी सराय—अस्त्राखान वाया येरेवान का।

स्टीफन फ्रेडरिक डेल ने मुगलकालीन भारत के विदेश-व्यापार का इतिहास लिखा है, कैंब्रिज स्टडीज इन इस्लामिक सिविलिजेशन शृंखला के अन्तर्गत। मैं यह किताब 'अकथ कहानी' लिखने के बाद ही देख पाया। नावक के तीर सी छोटी यह किताब पहले-पहल 1994 में प्रकाशित हुई, और 1997 में पुनर्मुद्रित; नाम है—'इंडियन मर्चेंट्स एंड यूरेशियन ट्रेड'। डेल दु:खी मन से बताते हैं कि सोवियत सरकार ने उन्हें अस्त्राखान जाकर मूल दस्तावेज देखने की अनुमति नहीं दी थी। डेल के दु:ख के बरक्स, मेरा सौभाग्य कि इन दस्तावेजों में से कुछ को देख, और अनिल जनविजय की सहायता से समझ सका। अस्त्राखान के हिन्दू व्यापारियों के बारे में कई महत्त्वपूर्ण सूचनाएँ देते हुए डेल, सुरेंद्रगोपाल को अस्त्राखान दस्तावेजों का महत्त्व समझनेवाला 'पहला गैर-रूसी इतिहासकार' कहकर उनके प्रति कृतज्ञता भी जताते हैं। सुरेन्द्रगोपाल का बरसों पहले छपा पेपर, 'मारवाड़ी बारायेव : एन इंडियन ट्रेडर इन रशिया इन दि एटींथ सेंचुरी' मैंने 2008 में प्रकाशित जिस संकलन में पढ़ा, उसका नाम है-' दि इंडियन ट्रेड एट दि एशियन फ्रंटियर'। ज्ञान पब्लिशिंग हाउस, नई दिल्ली से प्रकाशित यह संकलन एस. जयशील स्टीफन द्वारा सम्पादित है। इतना रोचक चरित्र और इतना उतार-चढ़ाव भरा जीवन था अठारहवीं सदी के अस्त्राखान में बसे इस मारवाड़ी व्यापारी-बारायेव-का कि मन करता है कि काश, उससे बतियाने का मौका मिल जाए! ऐसे इनसान से बतियाने का अनुभव कैसा होगा, जिसने कोई बीस साल में ही बारह रूबल से शुरू कर सतहत्तर हजार रूबल की हैसियत हासिल कर ली, और फिर पुन: मूषको भव की

नियति को प्राप्त हो गया?

'हिन्दी सराय' लिखने के दौरान ही, सुरेन्द्रगोपाल जी का अता-पता हासिल करने की कोशिश की, पटना निवासी मित्र सुब्रतो मित्रा की कृपा से उनसे संपर्क करने में सफल भी हुआ। सुरेन्द्रगोपाल जी को मैंने ही बताया कि स्टीफन डेल ने उनके बारे में क्या लिखा है। उनकी वेदना भी सुनी कि उनके काम पर इतिहासकार बंधुओं ने ध्यान ही नहीं दिया है। खैर, यह तो सारी दुनिया की एकेडमिक संस्कृति की विशेषताओं में से एक है ही कि यदि आप इस या उस शक्तिशाली ग्रुप के साथ नहीं हैं, ऊपर से प्रचलित कॉमनसेंस के विरुद्ध जा रहे हैं, तो आपकी या तो उपेक्षा की जाए या उपहास। मैंने निवेदन किया है सुरेन्द्रगोपाल जी से कि इधर-उधर बिखरे अपने तमाम आलेखों को पुस्तकाकार प्रकाशित करने पर ध्यान दें। आशा है कि हम लोग जल्दी ही उनकी महत्त्वपूर्ण रिसर्च के जरिए, ब्रिटिश राज के पहले के भारत के विदेश-व्यापार के बारे में कुछ और जान सकेंगे। इधर, पिछले ही साल एक और महत्त्वपूर्ण किताब अरूप बैनर्जी की आई है, थ्री एसे कलेक्टिव से, 'ओल्ड रूट्स : नॉर्थ इंडियन नोमाड्स एंड बैंकर्स इन अफगान, उज्बेक एंड रशियन लैंड्स'।

स्टीफन डेल की किताब का महत्त्व अस्त्राखान के भारतीय व्यापारियों के बारे में अंग्रेजी-भाषी पाठकों को बताने में तो है ही, यूरो-केंद्रित इतिहास-लेखन की समस्याएँ सप्रमाण रेखांकित करने में भी है। किताब की शुरुआत में ही लिखते हैं—"प्रवासी भारतीयों की गतिविधियों पर इतना कम ध्यान दिया गया है कि उन गतिविधियों की व्यापकता और निहितार्थों का अनुमान तक लगाना कठिन हो गया है। अब तक की हालत यह है कि पूरी सत्रहवीं सदी में ईरान, तूरान और रूस में भारतीय व्यापारियों की गतिविधियों पर जितना इतिहास लिखा गया है, उस सबसे कहीं अधिक हालैंड के एक अकेले व्यापारी—आंद्रे विनियस(1605-1662/63) की रूस में गतिविधियों के बारे में लिखा गया है" (पृ. 3)।

अस्त्राखान दस्तावेजों के अध्ययन अधिकांशतः रूसी भाषा में ही प्रकाशित हैं। डेल ने इनका भरपूर उपयोग किया है। डेल रूसी दस्तावेजों में दर्ज, अस्त्राखान के भारतीय व्यापारियों के नामों को रूसी लिपि में लिखने की कठिनाई के बारे में बताते हुए, बिलकुल शुरू में ही यह मानीखेज वाक्य लिखते हैं—"(रूसी अधिकारियों के लिए) मुस्लिम नाम दर्ज करना कोई

मसला नहीं था, मुस्लिम नामों से वे वाकिफ ही थे, और वैसे भी अस्त्राखान के भारतीय व्यापारियों में मुसलमान न के बराबर ही थे।''

अस्त्राखान के इन हिन्दू व्यापारियों में से अधिकांश मुलतान और मारवाड़ के थे। वही मारवाड़ी, जो जेनेटिकली ही रूढ़िवादी और कट्टर माने जाते हैं।

मैंने 'अकथ कहानी...' में अस्त्राखान के भारतीय व्यापारियों का जिक्र करते हुए, भारतीय लोगों के 'रूढ़िवाद', 'घरघुसरेपन' आदि को इतिहास का अकाट्य सत्य और भारतीय सामाजिक रुझानों और मान्यताओं की इतिहास-निरपेक्ष जड़ता (मीठा शब्द लाना चाहें तो 'शाश्वतता') को परम पिता परमात्मा की अनुल्लंघनीय इच्छा माननेवाले विद्वानों की सेवा में यह कयास पेश किया है—

''जेनेटिकली ही 'रूढ़िवादी' ये मारवाड़ी, अपने विचारों और रुझानों में परिवर्तन लाए बिना ही, शाश्वत समुद्र-पार-यात्रा-निषेध का शाश्वत रूप से पालन करते हुए ही, अस्त्राखान, कजान और मॉस्को तक जा पहुँचे होंगे। तरह-तरह के चमत्कार करने में निपुण, 'एग्जॉटिक इंडियन' जो ठहरे...''

2 'खोज कठिन है...'

और, यह दस सितम्बर, 2011 की दोपहर है जब मैं अनिल के साथ खड़ा हूँ यहाँ। चमत्कार करने में निपुण 'एग्जॉटिक इंडियन्स' की हिन्दी सराय के सामने। सोवियत स्ट्रीट से जा मिलने वाली थियेटर स्ट्रीट पर इस दोमंजिली इमारत में आजकल अनेक परिवार रहते हैं। ऊपरली मंजिल तो पूरी तरह रिहाइशी है, कुछ परिवार निचली मंजिल पर भी हैं। निचली मंजिल पर, बाहर के हिस्से में दुकानें, उनके नीचे तहखाने की ओर जाती सीढ़ियाँ, और कुछेक में पीछे की तरफ रिहाइश। परकोटे में पूरब की ओर खुलता बड़ा सा दरवाजा, जिसमें से किसी जमाने में घोड़ागाड़ियाँ और ऊँटगाड़ियाँ सहूलियत से गुजरती होंगी। याद आते हैं ग्वालियर के वे बाड़े—फालके का बाड़ा, महाडिक का बाड़ा, जाधव का बाड़ा। सिंधिया दरबार के सरदारों के नाम पर मशहूर ये बाड़े किसी जमाने में सरदारों के निवास-स्थान थे। जब की याद आ रही है तब बदल गए थे—मध्यवर्गीय, निम्न-मध्यवर्गीय परिवारों के एक से लेकर तीन कमरों तक के छोटे-छोटे घरों के बड़े से बाड़ों में। लेकिन इन बाड़ों में बाहर की तरफ दुकानें नहीं थीं, न थीं दुकानों के नीचे जाती तहखानों की सीढ़ियाँ। ऐसा डिजाइन—नीचे, सामने दुकान या परिवार का सार्वजनिक स्पेस, पीछे की तरफ और ऊपरली मंजिल पर निजी रिहाइश, दुकान के नीचे मालगोदाम के तौर पर इस्तेमाल होनेवाला तहखाना—

हिन्दी सराय में एक गोदाम की सीढ़ियाँ उतरते अनिल जनविजय, अस्त्राखान

हिन्दी सराय के दरवाजे पर नाम-पट्ट, अस्त्राखान

यह तो था (उम्मीद करूँ कि है अब तक) समृद्ध थोक व्यापारियों के इलाके-नया बाजार के मकानों में।

इमारत के दरवाजे पर लगा पत्थर बताता है कि यहाँ कभी हिन्द से आने वाले व्यापारी रहा करते थे। जिस बोर्ड को आप फोटो में देख रहे हैं, उसमें लिखे का अनुवाद है—'भारतीय व्यापारियों की सराय (उन्नीसवीं सदी) संरक्षित स्मारक'। भारतीय व्यापारी अस्त्राखान आने और यहाँ बसने लगे थे सत्रहवीं सदी से ही, उन्नीसवीं सदी तक उनकी कोठी या आढ़त बाकायदा इस नाम से विख्यात हो गई थीं—हिन्दी सराय।

पास में ही है आरमीनिया सराय—और सड़क के परली तरफ फारसी सराय...

सराय माने केवल रात गुजारने वाली जगह नहीं। सराय शब्द का मूल अर्थ होता है—महल, प्रासाद.. सुख-सुविधा के साथ जहाँ रहा जा सके, ऐसी कोई भी इमारत कही जा सकती है सराय...कारवाँ जहाँ कुछ समय गुजार सकें वह कारवाँ-सराय...धीरे-धीरे कारवाँ पीछे छूट गया, और लोक-स्मृति में सराय शब्द के दीगर आशय भी उसी के साथ छूट गए। सराय शब्द की पहचान कारवाँ-सराय तक सीमित रह गई। जबकि इसी इलाके की बात करें, तो हजार साल पहले यह नगर ईतिल (तुर्की भाषा में वोल्गा का नाम) नदी के कारण ईतिल ही कहलाता था, उस पर मंगोलों ने हमला किया—

विजय पाई, राजधानी बनाई चंगेज के पोते बातू के नाम पर सराय बातूर...सराय बातूर माने बातूर का महल...स्थायी निवास-स्थान।

हम जिसके सामने खड़े हैं वह किसी एक का महल नहीं, एक पहचान का निवास है, उस पहचान का जिसमें आपस में पहचानें तो मुल्तानी, मारवाड़ी, गुजराती...जिसे बाहर वाले पहचानें तो हिन्दी-हिन्द से आनेवाले—हम खड़े हैं—हिन्दी सराय के सामने...सकुचाते, सकुचाते भीतर जाते हैं, संकोच है कि

हिन्दी सराय के चौक में, अस्त्राखान

आखिरकार यह कुछ परिवारों का निजी स्पेस है, इसमें घुसना, फोटो खींचना...फिर भी फोटो खींचे...वहाँ के रहवासियों ने एतराज भी नहीं किया...

हिन्दी सराय पहुँचने के पहले गए थे—क्रेमलिन। क्रेमलिन का शाब्दिक अर्थ है-दुर्ग और व्यावहारिक मतलब है, सत्ताकेंद्र, सत्ताधारियों का निवास-स्थान। क्रेमलिन मॉस्को में ही नहीं, रूस के हर महत्त्वपूर्ण नगर में है । होटल जलातोई जातोन (यानी स्वर्ण-पदक!) से निकलकर वोयेवाया (यानी योद्धा) स्ट्रीट होते हुए पहुँचे थे क्रेमलिन। स्ट्रीट का नाम दूसरे महायुद्ध के योद्धाओं से संबद्ध है। हमने जो टैक्सी होटल से निकलकर ली, वह तो दूसरे महायुद्ध क्या, महाभारत के जमाने की लग रही थी, और ड्राइवर साहब वीक्तर अपने चेहरे-मोहरे और लहजे से पूरे स्टालिन ही नजर आ रहे थे। अनिल ने सड़क चलते कई टैक्सियाँ रोकीं, खाली वीक्तर साहब ही मिले और फिर पूरे समय हमारे सारथि बनने को राजी हो गए।

अपने होटल यानी 'स्वर्ण-पदक' के सामने ही मिल गए थे हमें वीक्तर साहब। उनकी पुरातन कार में बैठने के थोड़ी ही देर बाद एक पुल पार किया, फिर एक पुल, क्यों न हो, शहर बसा ही वोल्गा डेल्टा के 17 द्वीपों पर है। क्रेमलिन में एथनोग्राफी म्यूजियम की गाइड येकेतेरीना अलेक्सन्द्रवना करनाऊखवा ने हजार रूबल फीस के एवज़ में हमें अस्त्राखान के इतिहास-भूगोल के बारे में बताया। इस वक्त आबादी में 73% रूसी ही हैं। इस इलाके में सबसे पहली बसावट ईसा पूर्व की छठी—सातवीं सदियों में सरमाती, सबरोमाती कबीलों की हुई, करीब दो सौ बरस बाद गुन जाति के लोग यहाँ बसे। मन में सवाल आया कि ये गुन कहीं हूण तो नहीं? ईसा की सातवीं सदी खजार कगामातों की सदी थी, ये लोग यहूदी थे। इन्होंने अपनी राजधानी को ईतिल नाम दिया, और इनके समय में इलाका बहुत समृद्ध हुआ, जलाताया अर्दा यानी स्वर्ण-देश कहलाया। उस समय के ईतिल नगर के अवशेषों की खोज पुरातत्त्वविद अब तक कर रहे हैं। सातवीं-आठवीं सदी में रूसी यहाँ आने लगे थे। ईतिल का व्यापार उस समय के सभी समृद्ध देशों—भारत, चीन और मिस्र के साथ होता था, बल्कि यह नगर पूर्व-पश्चिम के बीच व्यापारिक गतिविधि के महत्त्वपूर्ण केंद्र के रूप में दुनिया भर में जाना जाता था। येकेतेरीना ने हसरत-भरे शब्दों में कहा, "वह समृद्धि फिर कभी वापस नहीं आई।"

स्वर्ण–देश पर हमले तो होने ही थे। 1395–1396 में तैमूर लंग ने हमला किया। तातारों–मंगोलों के हमले पन्द्रहवीं सदी तक जारी रहे, उसके बाद कुछ स्थिरता आने लगी, और जलाताया अर्दा की समृद्धि भी किसी हद तक फिर से स्थापित हुई। चंगेज खाँ के पोते के नाम पर सराय बातूर नाम दिया गया राजधानी को, सत्ताकेंद्र को; यानी बातू का महल।

जलाताया अर्दा कहलाने वाले इस इलाके का सबसे महत्त्वपूर्ण नगर था—हाजी तरखान। तरखान माने, जहाँ कर न देना पड़े, आजकल के मुहावरे में 'टैक्स–हैवेन'।

इब्न बतूता ने अपने यात्रा–वृत्तांत में 'अल हाजी तरखान' का जिक्र किया है, लेकिन बहुत ही चलताऊ ढंग से। उस समय यह नगर खान मुहम्मद उज्बेक के शासन में था, जिसके मेहमान के तौर पर इब्न बतूता ने कुछ समय बिताया था। नगर का जिक्र चलताऊ ढंग से करने के बरक्स, इब्न बतूता खान की चार 'खातूनों' का जिक्र खासी तफसील से करता है। इनमें से सीनियर मोस्ट खातून–तैतिगुली–का खान के दरबार में बहुत जलवा था। कारण इब्न बतूता को यह बताया गया कि उसके पास ऐसी कुछ करामात या हिकमत थी कि खान उसे हर रात अक्षतयोनि ही पाता था। उसकी योनि की बनावट अंगूठी जैसी बताई जाती थी, जो कि खान को हर संभोग के समय मजबूत पकड़ (बतूता के अंग्रेजी अनुवादक के शब्दों में 'टाइट ग्रिप') का अहसास देती थी, और इसीलिए खान के राज–काज पर तैतिगुली की पकड़ भी मजबूत बनी रहती थी। तैतिगुली की इस अद्भुत विशेषता का कारण यह था कि तैतिगुली सोलोमन की उस रानी की वंशज थीं जिसने शैतानी ताकतों के बहकावे में आकर सोलोमन की अंगूठी चुराकर उन ताकतों के हवाले कर दी थी, फलस्वरूप सोलोमन को कुछ दिन के लिए सिंहासन छोड़ना पड़ा था। जब सोलोमन के दिन फिरे तो जाहिर है कि रानी के बिगड़े और उसे किफक के रेगिस्तान में निष्कासित कर दिया गया। यह सूचना देने के बाद इब्न बतूता फरमाते हैं, ''मैंने तो न किफक में, न कहीं और ऐसी औरतें देखीं न सुनीं जिनकी योनि की बनावट अँगूठी की तरह हो। हाँ, इधर सुना है कि चीन में जरूर ऐसी कुछ औरतें होती हैं।'' हाजी तरखान इस मुहम्मद उज्बेक की ग्रीष्मकालीन राजधानी थी। इब्न बतूता 1334 की गर्मियों में यहाँ खान के साथ आया था, और उसने 'ईतिल के किनारे बसे, बड़े–बड़े बाजारों वाले इस नगर

को सबसे शानदार नगरों में से एक' पाया। घनघोर सर्दियाँ आने के बाद ही, मजबूरी में, खान मुहम्मद यहाँ से जाता था। नदी पर बर्फ जम जाती थी, और उस पर ढेर सारा पुआल बिछाकर जमी नदी को बर्फ की सड़क में बदल लिया जाता था। कारवाँ तक इस तरह बनाई गई पुआल और बर्फ की सड़क पर चलते थे, लेकिन कभी-कभी बर्फ के एकाएक पिघलने से दुर्घटनाएँ भी हो जाया करती थीं। ('दि ट्रैवेल्स ऑफ इब्न बतूता', सं. टिम मैकिनतोश स्मिथ, पिकेडोर, लंदन, 2003, पृ.125-128)

जमी हुई नदी पर पुआल बिछा लेने से बर्फ के पिघलने और पिघलकर कारवाओं को अपने भीतर समा लेने की संभावना समाप्त थोड़े ही हो जाती है। जमी हुई नदी पानी की हो या इतिहास की।

16वीं सदी में जब रूसी शासन कायम हुआ तब तक यह बसावट अस्तरखान कहलाने लगी थी। भारत के साथ व्यापार तो पहले से था ही, लेकिन भारतीय व्यापारियों की बस्तियाँ अस्तरखान पर रूसी शासन कायम होने के बाद ही बसनी आरम्भ हुईं। 1556 में, इवान ग्रोजनी के समय यह इलाका पूरी तरह मॉस्को राज्य के अन्तर्गत आ चुका था। स्वाभाविक रूप से

अस्त्राखान क्रेमलिन का मुख्य द्वार

वोल्गा के किनारे सबसे ऊँची जगह पर पहले लकड़ी का, फिर पत्थर का किला यानी आज का क्रेमलिन बना। यह नगर रूस की दक्षिणी सीमा की पहचान बन गया और जारशाही हो या साम्यवादी शासन या आज का रूस, इसकी सुरक्षा रूस के लिए बेहद संवेदनशील मामला है।

अस्तरखान या अस्त्राखान नाम की व्युत्पत्ति यों की जाती है कि जाइचिए (खरगोश) गोरी (पहाड़ी) पर लकड़ी का पहला घर अस्त्रोक नामक व्यक्ति

जीतनी मीनार, क्रेमलिन, अस्त्राखान

ने बनाया था, अस्त्राखान नाम उसी अस्त्रोक का स्मरण करता है। लकड़ी के बने उस पहले घर की ही जगह पर 1555 में लकड़ी का किला बना, जिसे जार इवान ने पत्थर के क्रेमलिन में बदला। अब, इक्कीसवीं सदी में, अस्त्रोक के बनाए लकड़ी के घर को देखने की तो कोई गुंजाइश नहीं, लेकिन हाँ, क्रेमलिन का शानदार मुख्य द्वार आप चित्र में देख सकते हैं।

येकेतेरीना ने यह खास जोर देकर बताया कि किले की नींव में तातारों की बनाई मशहूर चाकोरी ईंटों का इस्तेमाल किया गया है। किले की दक्षिणी दीवार पर है जीतनी मीनार। जीतनी माने रोटी...गेहूँ पैदा नहीं होता था, सो बनी-बनाई रोटियाँ आरमीनिया और दूसरी जगहों से मँगवा कर यहाँ स्टोर की जाती थीं, और सिपाहियों को तनखाह में पैसे के साथ रोटी भी मिलती थी। यानी अस्त्राखान के सैनिक मुहावरे में ही नहीं, शब्दश: भी 'रोटी कमाते' थे।

अस्त्राखान वोल्गा के डेल्टा में तो बसा ही है, शहर का एक इलाका तो कहलाता ही वोल्गा है। इसी वोल्गा इलाके में भारतीय बस्ती थी, और तातार

तातारों की रूद्राक्ष मालाएँ, क्रेमलिन, अस्त्राखान

बाजार आज तक है। भारतीय व्यापारियों का सबसे घनिष्ठ संपर्क तातारों से ही था। रक्त-मिश्रण की हद तक। ऐसे रक्त-मिश्रण से जन्मे बच्चे इंजित्सकी (भारतीय) अगरिजान कहलाते थे। इन अगरिजानों के वंशज आज भी इंडियन तातार कहलाते हैं। हिन्दियों के तातारों से ऐसे सम्बन्धों के कारण थे। 'शासक' रूसी जाति के बरक्स हिन्दी और तातार दोनों ही 'विदेशी' थे। रूसी व्यापारी तो इन 'पैगन' व्यापारियों की चतुराई और उद्यमशीलता में अपने लिए खतरे की घंटी भी सुनते थे। मारवाड़ और मुल्तान से आनेवाले हिन्दू व्यापारियों के लिए भी, बौद्ध या मुसलमान तातार सांस्कृतिक तौर पर उतने अजनबी नहीं थे, जितने कि ईसाई रूसी। मुसलमान तातारों की आस्था भी 'शुद्ध' रूप से इस्लामी नहीं थी, बौद्ध पद्धतियाँ जस की तस या थोड़ा-सा रूप बदलकर उनके जीवन में बनी रही थीं। क्रेमलिन म्यूजियम में प्रदर्शित रुद्राक्ष-मालाएँ भारतीय नहीं, 'तातार' वस्तुओं के रूप में प्रदर्शित हैं। मुसलमान हो गए तातार शायद इन्हीं मालाओं के सहारे अल्लाह का नाम जपते होंगे।

व्यापार और समृद्धि के कारण अस्त्राखान बहुत से लोगों को आकर्षित करता रहा। जारशाही आ जाने के बाद हमलावरों का आना बंद हो गया, व्यापारियों और कबीलों का आना जारी रहा। 17 वीं सदी में उत्तरी मंगोलिया से काल्मिक कबीले चरागाहों की तलाश में यहाँ आए। इनका भी मिश्रण तातारों और नगाइतों से हुआ। 17वीं-18 वीं सदी में अस्त्राखान रूस के पूर्वी व्यापार का मुख्य केंद्र बन चुका था, और अंगूर की खेती, वाइन के उत्पादन का भी। उन दिनों सारा किला अंगूर की बेलों से भरा था, और अस्त्राखानी रेड वाइन मॉस्को तक मशहूर थी। व्यापार के विकास के कारण, हर देश के व्यापारियों की अपनी सरायें बननी शुरू हुईं। सबसे पहले बुखारा, फिर गिलियान (यानी ईरान के पश्चिमोत्तर प्रांत) के व्यापारियों और इनके बाद भारतीय व्यापारियों की सराय बनी।

यही हिन्दी सराय मेरी मंजिल थी। शुरू में सचमुच कारवाँ-सराय, लेकिन बहुत जल्दी ही आढ़त और निवास स्थान में बदलती सराय। यही विकास-क्रम बाकी सरायों के साथ भी जुड़ा रहा है, लेकिन हिन्दियों की खास हैसियत थी, इसमें शक नहीं। रूसी शासक भारत के साथ नियमित और सुरक्षित व्यापार चाहते थे। यह तभी संभव हो पाया, जब तातार शासित कजान 1552 में और तातारों द्वारा ही शासित अस्त्राखान 1556 में रूसी साम्राज्य में शामिल कर लिए गए। तब से मॉस्को की हर सरकार की चिंताओं में भारत के साथ

व्यापार के अधिकाधिक सुरक्षित और लाभप्रद मार्ग खोजना, अस्त्राखान के व्यापार को बढ़ावा देना शामिल रहा। स्थानीय रूसी व्यापारी भारतीयों की बढ़ती से परेशान रहते थे, जार से माँग करते थे अपने लिए सुविधाओं और भारतीयों पर प्रतिबंधों की। सरकार का रवैया आम तौर से रूसी व्यापारियों की माँगें पूरी करनेवाले कानून बनाने लेकिन उनके अमल में ढीलेपन का रवैया अपना कर साँप को मारकर भी लाठी को टूटने से बचा लेने का होता था।

जारशाही कायम होने के बाद ही आज के अस्त्राखान का नक्शा बना। क्रेमलिन के आस-पास बस्तियाँ बनाई गईं। इनमें से किले के सबसे करीब इलीट की, श्रेष्ठि जनों की बस्ती थी—बेली गोरद। गोरद यानी संरक्षित बस्ती और बेली यानी फ्रेंच भाषा का बेले—ललित, श्रेष्ठ। 17वीं सदी के शुरू तक बन चुकी इस बस्ती में सबसे पहले हिन्दी व्यापारी ही आकर बसे थे। जिमिलिनो (यानी जमीन से जुड़े लोगों की) गोरद-बस्ती, बेली गोरद से पहले ही बस गई थी, सोलहवीं सदी में, लेकिन किले से काफी दूर।

जार के दरबार में भारतीय व्यापारियों की हैसियत, और रूसी सत्ता के साथ उनके सम्बन्ध का अन्दाज इससे भी लगता है कि उन्नीसवीं सदी के आरम्भ में हुए नेपोलियन के हमलों के दौरान इन भारतीयों ने जार की भरपूर मदद की थी, येकेतेरिना के शब्दों में, ''सबसे ज्यादा।'' लेकिन दूसरी तरफ यह भी सच है कि नेपोलियन के हमलों के पहले ही रूस में भारतीय व्यापारियों के पराभव की शुरुआत हो चुकी थी। उनकी अलग पहचान मिटने लगी थी। अब तो हालत यह है कि सोलहवीं सदी में यहाँ आए आरमीनियाइयों का बाकायदा अलग मोहल्ला है, लेकिन हिन्दियों का न तो तातार-बस्ती में अता-पता है, न हिन्दी सराय में।

येकेतेरिना को 'स्पासीबा' कह, जीतनी मीनार को फिर से निहारकर क्रेमलिन से निकले—हिन्दी सराय और तातार बाजार जाने के इरादे से। हिन्दी सराय देख पाने की उम्मीद-भरी उत्तेजना के साथ ही मन पीछे छूट रही जीतनी मीनार की ओर भी जा रहा था। सब तरफ पथरीली इमारतों के बीच जीतनी मीनार का लकड़ी का ढाँचा जैसे कह रहा था कि मैंने वह नमी बचाकर रख ली है, जो इमारती लकड़ी बनने के पहले पेड़ों में होती है। जीतनी मीनार शायद कह रही थी कि पत्थर के इस क्रेमलिन और चर्च के बीच मैं सिपाहियों को सिर्फ रोटी ही नहीं, उनके घरों की यादें भी देती थी।

सत्ता की इस भव्यता के बीच, चोरी-छुपे ही सही, प्यार के मौके भी देती थी। कौन जाने, वाकई ऐसा हो! कौन जाने यह सब मेरी खाम-ख्याली ही हो!

मैं याद करता रहा जीतनी को, सोवियत स्ट्रीट और थियेटर स्ट्रीट के मिलन तक, हिन्दी सराय तक पहुँचते-पहुँचते। लोगों ने बताया कि उन्नीसवीं सदी तक सोवियत स्ट्रीट का नाम ही इंजित्सकी (भारतीय) स्ट्रीट था। हालाँकि दो दिन बाद इतिहासकार तरापितसीन इल्या वसीलिच ने इस बात का खंडन करते हुए बताया कि उन दिनों यह सड़क इकेतेरीना स्ट्रीट या मॉस्को स्ट्रीट कहलाती थी, इंजितस्की नहीं। हो सकता है कि सरकारी नाम यही हो लेकिन बोलचाल में यह सड़क इंजिस्त्सकी स्ट्रीट भी कहलाती हो!

हिन्दी सराय में अब केवल यादें थीं, और वहाँ के वर्तमान रहवासियों की भलमनसाहत।

अब हम तातार बाजार की ओर जा रहे थे, वोल्गा इलाके में। शुरू के दिन हिन्दी सराय में बिताकर जो अस्त्राखान में बस जाते थे, उनमें से ज्यादातर हिन्दी यहीं रहते थे। लेकिन अब कोई नाम-निशान नहीं बाकी। हाँ, लोग जानते हैं तातार बाजार और हिन्दी सराय के भारत सम्बन्ध के बारे में। तातार-बाजार में, खोज के लिहाज से तो नाउम्मीदी ही हाथ लगी। किसी हिन्दी के वंशजों का कोई अता-पता लगा नहीं, लेकिन हाँ, एक पुराने मकान की

तातार बाजार में खस्ताहाल मकान, अस्त्राखान

बनावट का अलमस्त, खस्ताहाल पुरानापन बड़ा अपना सा लगा...

दोपहर बीत रही थी, थकान तो क्या होती, लेकिन एक अबूझ-सी उदासी हम दोनों के मन में घर कर रही थी। जैसे रात के उस नीले जादू में शमशेर की कविता आई थी, वैसे ही इस उदास होती जा रही दोपहर में हम दोनों को सहारा देने, फिर से कविताएँ आईं। अनिल रूसी कविताएँ मय हिन्दी अनुवाद के सुना रहे थे, और मैं कार की खिड़की से तातार-बाजार को निहारता हुआ, उन कविताओं में खुद अनिल का जीवन सुन रहा था। जो कविताएँ सुन रहा था, वे उन कविताओं से संवाद कर रही थीं, जो मुझे याद आ रही थीं, और उन अनलिखी कविताओं से भी, जो मेरे जरिये अवतरित होने की कृपा का वादा कर रही थीं।

वीक्तर साहब कुछ तो हमारी उदासी बूझ ही रहे थे, कुछ उन्होंने अनिल से बतियाकर समझ भी ली। बोले, "आप लोग वोल्गा के किनारे चलिए। पास में चर्च भी है, शादी-ब्याह की और दीगर तरह की चहल-पहल रहती है, चर्च में और वोल्गा के किनारे। मन बहलेगा आप लोगों का।"

जाना ही था वोल्गा किनारे, वीक्तर साहब का आदेश ही सही।

वोल्गा का पाट बहुत चौड़ा है, ब्रह्मपुत्र की याद दिलाता है। किनारे पर पार्क है, इसमें लोग सैर तो करते ही हैं, टट्टू की सवारी के मजे भी लेते हैं।

पार्क के ठीक सामने ही बीच में धार दोधारी होकर जा रही दीखती है,

वोल्गा की धार और बीच में द्वीप, अस्त्राखान

बीच में एक छोटा-सा द्वीप है, जिसके लिए जगह छोड़कर वोल्गा की दोनों धारें फिर से एक हो अपनी राह लेती हैं...

मैंने अनिल से कहा, गुवाहाटी में ब्रह्मपुत्र के बीच ठीक ऐसा ही नजारा दिखता है, फर्क यह कि वहाँ द्वीप पर मन्दिर है, यहाँ शायद पेड़ों के सिवाय कुछ नहीं। लेकिन कौन जाने, इस द्वीप पर भी कुछ हो, यहाँ भी कोई अपनी आस्था या प्रेम के स्मारक छोड़ गया हो-किसी ढाँचे की शक्ल में, या शायद बस अमूर्त यादों के रूप में...!

जहाँ खड़े हम नदी के इस द्वीप को देख रहे थे, वहाँ रेलिंग है, और रेलिंग में जगह-जगह ताले लगे हुए हैं। चर्च में शादी करके निकलते ही जोड़े यहाँ आते हैं वोल्गा के किनारे और लोहे की इस रेलिंग में एक ताला लगाते हैं-कुछ तो ताले ताले जैसे ही हैं, दो-एक बाकायदा दिल जैसे हैं, खास इस मौके के लिए बनाए गए।

ताला लगाने के बाद जोड़े जाते हैं, वहीं किनारे के पार्क में बनी सोन-मछली की प्रतिमा को छूते हैं और उसके साथ फोटो खिंचाते हैं।

अनिल ने बताया कि सोन मछली पुश्किन की कविता 'मछली और मछुए की कहानी' से आई है, जो वैवाहिक जीवन की सार्थकता के लिए समझ और

प्रेम के ताले—वोल्गा किनारे, अस्त्राखान

सोन मछली वोल्गा किनारे, अस्त्राखान

संतोष की जरूरत को रेखांकित करती है। विवाह-अनुष्ठान के इन तीनों चरणों को पढ़ें तो जाहिर होता है कि परमपिता परमात्मा के प्रतिनिधि-चर्च—का आशीर्वाद एक नये जीवन के लिए जितना जरूरी है, उतना ही जरूरी है वोल्गा का आशीष और कविता का स्पर्श।

यह तो सब जानते ही हैं कि कवि और लेखक रूस के जनजीवन में उतने ही महत्त्वपूर्ण रहे हैं जितनी कि धार्मिक परम्पराएँ। अपने समाज से तुलना करके दुखी हुआ जा सकता है, हालाँकि तुलसी, कबीर या तुकाराम को भी कवि मानते हों तो जान जाएँगे कि 'आधुनिक' (यानी अंग्रेजी पढ़े-लिखे) भद्रलोक की चेतना में हों न हों, देशभाषाओं के कवि हमारे व्यापक समाज की स्मृतियों में भी उतने ही महत्त्वपूर्ण रहे हैं, जितने कि रूसी भाषा के कवि रूसी समाज में।

वोल्गा किनारे के इस जंगले में ताला लगाकर चाभी वोल्गा को अर्पित कर दी जाती है कि वह ले जाए और कैस्पियन सागर के हवाले कर दे, ताकि विवाह के बंधन का यह ताला कभी खुलने न पाए। नये ब्याहे जोड़े प्रार्थना करते हैं कि चाभी खो जाए और हम दोनों शादी के इस कमरे में सदा-सदा के लिए बंद हो जाएँ। चर्च तो बस सांप्रदायिक या, कह लें दैवीय मान्यता

देता है विवाह को। वोल्गा जैसे धरती की ओर से, जल की ओर से मान्यता देती है, दुआ देती है इस नये रिश्ते को। इसी दुआ की तलब में लोग चर्च से सीधे यहाँ आते हैं, अपना रिश्ता 'लॉक' करते हैं...

आखिर कुछ भी होने के पहले सृष्टि में जल ही था। कुछ भी होने के पहले, गर्भ में जल ही होता है। जल सृष्टि की और मनुष्य की आदिम स्मृति का रूपक है। जल मनुष्य के अवचेतन में पैबस्त, गर्भ की स्मृति का भी रूपक है। सो, वोल्गा को साक्षी बनाने की यह परम्परा जैसे अभी-अभी सम्पन्न हुए इस सम्बन्ध को, विवाह को आदिम स्मृति-सा सनातन बनाने की कोशिश भी है।

सख्त एकेश्वरवादी, ईसाई नजरिए से यह खुदा की शान में गुस्ताखी ही है कि नदी से दुआ, यानी प्रकृति की पूजा की जाए। लेकिन रूस का हो या हिन्दुस्तान का, कोई भी जनजीवन किसी भी शास्त्र का अंधानुगमन नहीं, उसके साथ संवाद ही करता है। शास्त्र फिर चाहे धार्मिक हो या गैर-धार्मिक। ऐसे संवाद के दैनंदिन अनुभवों से ही संस्कृति बनती है, और संस्कृति की स्मृतियों को ही परम्परा कहते हैं। इसलिए कोई कहे कि रूस में ऑर्थोडॉक्स चर्च के वर्चस्व के बाद, पैगन परम्परा की प्रकृति-पूजा पूरी तरह गायब हो गई तो कतई विश्वास मत कीजिएगा। कोई कहे कि भारत के हजारों साल के इतिहास में वर्णाश्रमवादी विचारधारा के निर्देश ही जस के तस लागू होते रहे, तो भी कतई विश्वास मत कीजिएगा।

अब लौटना था होटल की ओर। कल की रात बहुत देर से शुरू हुई थी, आज का दिन बहुत जल्दी। लौटना था अब ताकि कल फिर आ सकें। वोल्गा-दर्शन से, हिन्दी सराय देख पाने और जीतनी के रहस्य की कुछ कल्पनाएँ कर पाने से मन में खुशी थी लेकिन किसी हिन्दी या अगरिजान का कोई अता-पता न लग पाने की उदासी भी साथ ही चली आ रही थी। अब तक चली आ रही है। हो सकता है कि अगली यात्रा में कुछ कम हो यह उदासी। हो सकता है, इस बार मिल ही जाए कोई...सीधे-सीधे कोई भारतवंशी ही मिल जाएगा, यह उम्मीद लेकर तो मैं चला ही नहीं था, लेकिन फिर भी...उनका इतिहास तो मिला, स्मृतियाँ तो मिलीं, लेकिन अस्त्राखान के वर्तमान में कोई ऐसा नहीं मिला जो अपना सम्बन्ध मारवाड़ या मुल्तान से जोड़ता हो। अनिल ने इस कसक को कविता का रूप

दिया—फेसबुक के जरिए :

अस्त्राखान में घूम रहे हैं हिन्दी के दो कवि
इस शहर में ढूँढ़ रहे वे भारत की छवि
पता स्वजनों का गली गली में पूछ रहे हैं
खोज कठिन है मन ही मन यह बूझ रहे हैं
भारत से आए थे जब वे लोग घने थे
मिल जाए कोई वंशज उनका जो अपने थे
गले लगा लें उसको ही वे
पास बुला लें
दो सौ वर्षों की दूरी का भेद भुला लें
भारत जन ऐसा उन्हें अभी तक मिला नहीं कोई
भारत कोठी के खंडहर मिले
बस बचे हैं वो ही
बहुत उदास हैं हिन्दी के दो कवि
अस्त्राखान शहर में
पहचान है जिससे उनकी कुछ कुछ
अनजान शहर में।

3 अस्त्राखान के आसमान में दो-दो चाँद

पहले दिन तो हम उत्साही तीर्थयात्रियों या उत्तेजित टूरिस्टों वाले भाव से हिन्दियों को खोजने और हिन्दी सराय देखने निकल पड़े थे, अगले दिन यानी ग्यारह सितम्बर को असली रिसर्च हुई। हमने शुरुआत की सिटी हिस्ट्री म्यूजियम से और पहुँचे क्रुप्सकाया लाइब्रेरी तथा अभिलेखागार तक। सिटी हिस्ट्री म्यूजियम यूरोप के लगभग सभी नगरों में हैं, जहाँ नगर के इतिहास से नगर के वर्तमान का संवाद लगातार चलता है।

यह म्यूजियम जिस इलाके में स्थित है, वहाँ बसावट 1810 के बाद ही हुई, अठारहवीं सदी के अन्त तक तो यहाँ वोल्गा का पाट था। अब एक ओर वोल्गा की धारा है, दूसरी ओर क्रेमलिन। इसी इलाके में सेंट निकोलस चर्च है, जिसके कारण इलाके की मुख्य सड़क का नाम निकोलस्काया है। चौराहे का नाम है, प्लेसद विस्सोफ, कारण यह कि उन्नीसवीं सदी में यहाँ बड़ा सा विस्सोफ—धर्मकाँटा (तराजू)—स्थित था, जहाँ वोल्गा के रास्ते आनेवाला माल चुंगी के लिए तौला जाता था। सम्पन्न व्यापारियों ने यहाँ उन्नीसवीं सदी के आरम्भ से ही बसना शुरू कर दिया था। म्यूजियम के सामने बहुत ही शानदार एक मकान है, चोर्बानोफ नामक व्यापारी का, अब तो खैर उसमें कई परिवार रहते हैं। चोर्बानोफ के शानदार मकान का यह चित्र मैंने सिटी म्यूजियम के अहाते से लिया है, मेरे दाएँ हाथ पर दिख रहा सिटी म्यूजियम वाला

चोर्बानोफ का प्रासाद, अस्त्राखान

मकान अपने आप में अच्छा खासा भवन है, लेकिन चोर्बानोफ–प्रासाद के सामने झोंपड़ा सा ही दिख रहा है न!

यह जो म्यूजियम है, यह एक जमाने में लेनिन के दादाजी–निकोलाई सीलिविच–का मकान था। सीलीविच भूदास (सर्फ) थे, भूस्वामी से मुक्तिपत्र हासिल कर, दर्जी का पेशा करने लगे, और कामयाब होने पर यह मकान खरीदा, जो कि 1970 में लेनिन म्यूजियम बना, और अब सिटी हिस्ट्री म्यूजियम कहलाता है।

इस म्यूजियम में आनेवाले ज्यादातर विदेशियों की दिलचस्पी लेनिन के दादाजी तक ही सीमित होती है, ऐसा लगा वहाँ की गाइड नीना निकलायेव्नाका को इस बात पर किंचित् चकित होना देखकर कि हम लोगों की दिलचस्पी लेनिन के दादा की जीवनी से ज्यादा उन्नीसवीं सदी के हिन्दी व्यापारियों में थी। जाहिर है कि म्यूजियम का नाम अब भले ही लेनिन के नाम पर न हो, लेकिन उनके दादा और परिवार के बारे में खासी जानकारी तो म्यूजियम देता ही है।

भारतीय व्यापारियों में इस म्यूजियम की कोई खास दिलचस्पी नहीं,

लेनिन के दादा के दर्जीगीरी के उपकरण

इसका फोकस उन पर नहीं, उन्नीसवीं सदी के, खासकर उसके उत्तरार्द्ध पर है। इस समय तक, अस्त्राखान के हिन्दी व्यापारियों के दुबले दिन शुरू हो चुके थे। यह बात 1889 में हुई पहली व्यवस्थित जनगणना के आँकड़ों से भी जाहिर होती है। यहाँ प्रदर्शित ये आँकड़े बताते हैं कि 1889 में, अस्त्राखान की कुल आबादी थी—54447। इसमें से रूसी 42986, यहूदी 51, पोलिश 2006, काकेशस 6874, जर्मन 880, तुर्कमैनी 46, तातारी 117 थे। यानी जो भी भारतवंशी यहाँ रह गए थे, वे अब स्वयं को तातार या रूसी जताने लगे थे।

असल में, किसी नगर के, या किसी भी विषय के म्यूजियम का लक्ष्य एक आख्यान की रचना करना ही होता है। इस आख्यान को तस्वीरों, वस्तुओं और सूचनाओं के जरिए एक सिलसिला रचकर म्यूजियम आप तक पहुँचाता है। यह म्यूजियम नगर के इतिहास का जो आख्यान रचता है, उसमें मुख्य पाठ उन्नीसवीं सदी (उसका भी खासकर उत्तरार्द्ध) ही है, इसके पहले का इतिहास आख्यान की पृष्ठभूमि और बाद का परिशिष्ट की हैसियत से आता है। अपने चुने पाठ को दर्शक तक म्यूजियम बखूबी पहुँचाता है, इसमें सन्देह

'जीवन चलने का नाम', अस्त्राखान सिटी म्यूजियम में एक पेंटिंग

नहीं। एक पेंटिंग में, उस वक्त के अस्त्राखान के जीवन का गतिशील चित्र देखा जा सकता है। वोल्गा में नावों, किनारे पर लोगों और सड़कों पर घुड़सवारों के जरिए पेंटर अपने नगर के बारे में जैसे कह रहा है, 'जीवन चलने का नाम...'

यह जानना रोचक था कि उन्नीसवीं सदी के उत्तरार्द्ध के रूस में, सामंत वर्ग व्यापारियों के महत्त्व को स्वीकारने पर मजबूर हो चला था। व्यापार और व्यापारी के प्रति पारंपरिक सामंती अवहेलना के बावजूद, स्थिति यह थी कि व्यापारी इंटेलिजेंशिया और इलीट में शामिल होने लगे थे, और स्वेंजल एंपेरातरा (सम्राट का प्रमाणपत्र) हासिल कर द्वोरयानिन या द्वरयान्त्स्वा (श्रेष्ठ जन) में शामिल हो सकते थे। 'द्वोरयानिन' शब्द महत्त्वपूर्ण है, इसमें निहित है कि 'द्वार' की चौखट पार कर 'श्रेष्ठ जनों' के जगत में प्रवेश की अनुमति आपको मिल गई है। इस जगत के दरवाजे अपने लिए खुलने की कृतज्ञ प्रसन्नता की अभिव्यक्ति व्यापारी तरह-तरह से करते थे। एक व्यापारी प्योतर सिमियनोविच सपोजानिकफ ने क्रेमलिन के चर्च में चाँदी का दरवाजा लगवाया था ।

द्वार की बात चली है, तो एक और शब्द पर ध्यान दें—बुलावा।

मेयर या अन्य किसी उच्चाधिकारी द्वारा अपने कर-कमलों में, या अपनी मेज पर धारण किया जाने वाला 'राजदंड' यहाँ 'बुलावा' कहलाता था, सुनकर लगा कि क्या दिलचस्प संयोग है, राजसत्ता का प्रतीक-'बुलावा'—जैसे कहा जा रहा हो कि इस 'बुलावे' से पंगा लिया तो यमराज के बुलावे के लिए तैयार रहना।

म्यूजियम का एक पूरा कमरा जहाजरानी को समर्पित है, क्योंकि 19वीं सदी के अन्त से कैस्पियन सागर से तेल की प्राप्ति होने के बाद, तेलवाही जहाज बनाने की विधि यहीं के अर्त्यामेव बंधुओं ने 19वीं सदी के अन्त में खोजी थी। उसके पहले पीटर दि ग्रेट ने पहला युद्धपोत व्यापारियों की अपील पर, जल-दस्युओं से उनकी रक्षा के लिए ही बनवाया था।

नीना निकलायेव्ना के प्रति अपना आभार मैंने म्यूजियम के विजिटर्स रजिस्टर में हिन्दी में लिखा—'रोमांचक अनुभव था शहर के इतिहास और वर्तमान के अहसास से गुजरना, बहुत आभार, स्पासीबा, नीना'। इस वाक्य को रूसी में अनिल ने नीना से ही लिखवाया...बहुत ही सुन्दर हस्तलेख है नीना का, आज तक याद आता है; अपने खुद के 'आप लिखे खुदा बांचे' टाइप हस्तलेख से तुलना करके ईर्ष्या भी होती है।

सिटी म्यूजियम से निकलते हुए कुछ निराशा-सी मन में आने लगी थी। अपने आप पर हँसी भी आ रही थी, रिसर्च के लिहाज से आए थे, या इस उम्मीद में कि सोलहवीं से लेकर उन्नीसवीं सदी तक यहाँ रहने वाले भारतीय व्यापारियों के वंशज हवाई अड्डे पर लेने भले न आएँ, शहर में तो आपके लिए पलक-पाँवड़े बिछाए बैठे ही होंगे। याद नहीं रहा क्या कि उन्नीसवीं सदी शुरू होने तक भारतीय व्यापारियों की सांस्कृतिक पहचान समाप्त होने लगी थी! वे धीरे-धीरे रशियन ऑर्थोडॉक्स चर्च में शामिल हो रहे थे, उनकी संतानें अपने आप को इंजित्सकी की बजाय तातार ही नहीं, रूसी भी जताने लगी थीं। रूसी सत्ता द्वारा जताई गई सहिष्णुता के दिन लद गए थे, और चर्च 'पैगन' मूर्ति-पूजकों से कहने लगा था—या तो चर्च में आओ, नहीं तो रूस से जाओ...

इसी उधेड़-बुन में पड़े-पड़े चले थे सिटी लाइब्रेरी की ओर...आशंका यह भी होने लगी थी कि वहाँ भी पता नहीं, कुछ सामग्री मिलेगी या नहीं...अनिल

पहले भी एक बार अस्त्राखान आ चुके हैं। 1996 में। उस वक्त एक घर में उन्हें सिंदूर की डिबिया और एक अन्य घर में लक्ष्मी–गणेश की तस्वीर देखने का अवसर मिला था। इस बारे में उन्होंने भारतीय दूतावास को लिखकर बताया भी था, लेकिन दूतावास ने ध्यान नहीं दिया। बाद में जीवन की आपा-धापी में, अनिल के मन में भी अस्त्राखान सम्बन्धी जिज्ञासा हाशिए पर चली गई।

खैर, पहुँचे क्रूप्सकाया सिटी लाइब्रेरी, और पहुँचा दिए गए पुरानी पोथियों की इंचार्ज जोया अलेक्सान्द्रवना मालायेतवा के कमरे में। कल के सोवियत संघ और आज के रूस में इस बात पर ध्यान जाए बिना नहीं रह सकता कि सरकारी पदों पर, सामाजिक जीवन में औरतों की मौजूदगी प्रतीकात्मक या प्रतिनिधित्वपरक नहीं, बल्कि बहुतायतपरक है। अस्त्राखान में अब तक देखे दोनों म्यूजियम हों, या यह सिटी लाइब्रेरी, पुरुष कर्मचारी सिर्फ चौकीदारों या क्रेमलिन के सशस्त्र गार्डों की भूमिका में ही नजर आए। बाकी सभी काम महिलाएँ ही कर रही थीं।

यहाँ आकर, जोया जी से मिलकर निराशा काफूर–सी हो गई। यात्रा शुरू करने के पहले, पत्र–व्यवहार में अनिल ने एक शब्द का प्रयोग किया था—क्रायवेद—स्थानीय इतिहासकार। स्थानीय प्रतिभा, कवि या लेखक के अर्थ में स्थानीय इतिहासकार नहीं, बल्कि नगर के अपने इतिहास के विशेषज्ञ के अर्थ में क्रायवेद शब्द का उपयोग किया जाता है। यूरोप के अधिकांश नगरों में ऐसे लोग मिल जाते हैं, जिनका रोजगार चाहे जो हो, लेकिन जिनका शौक अपने नगर के इतिहास का अनुसंधान करना होता है। जोया जी स्वयं को क्रायवेद माननें में संकोच ही कर रही थीं, लेकिन अस्त्राखान के इतिहास के बारे में उनकी जानकारी तो यही सिद्ध कर रही थी कि वे बाकायदा क्रायवेद हैं। बड़े उत्साह से उन्होंने हमारी मदद की। कई किताबें निकालकर लाईं। अब जमा समाँ रिसर्च का। अनिल रूसी में पढ़ते और हाथ के हाथ हिन्दी में अनुवाद करते जाएँ, मैं नोट करता जाऊँ। यह भी तय कर लिया मन ही मन कि आज और कल के दो दिन कतई काफी नहीं, अस्त्राखान की हिन्दी सराय के रहवासियों को जानने, समझने और उनसे बतियाने के लिए। आना ही है फिर से एक बार, शायद बार–बार; अस्त्राखान। इस बार तो कितना कम समय लेकर आ सका हूँ, बस कल भर और...परसों तेरह सितम्बर को तो वापस

चल देना है...कल और जो कुछ कर सकें...हम लोग किताबें पढ़ने में जुटे, कोई दो घंटे बाद, जोया ने बताया कि उन्होंने एक इतिहासकार तरापितसीन इल्या वसीलिविच से हमारी सहायता करने का अनुरोध किया है। यानी हम लोग किताबें देखने में डूबे थे, उधर जोया जी हमारी मदद करने में। पता ही नहीं लगने दिया कि दिन में कब उन्होंने श्री वसीलिविच से बात कर ली। वसीलिविच आज तो व्यस्त हैं, "कल जरूर यहाँ आएँगे, आप लोगों से बात करने के लिए..."

तरापितसीन इल्या वसीलिविच, अस्त्राखान यूनिवर्सिटी में असिस्टेंट प्रोफेसर (कैंडिडेट) होने के साथ ही विदेशी मामलों के मंत्रालय में मिनिस्टर (यानी मानद पदाधिकारी, या तनखाह पाने वाले सलाहकार)—अनिल ने बताया कि एक से अधिक जगहों पर काम करने पर रोक नहीं है, अनिल स्वयं यूनिवर्सिटी और रेडियो दोनों जगह काम करते हैं।

इन दो दिनों में, पहले दिन तो हमने जोया जी की तस्वीर खींची, लेकिन अगले दिन उन्होंने काम करते हुए हम लोगों की तस्वीर लाइब्रेरी के फोटोग्राफर से खिंचवाई कि बेवसाइट पर लगाएँगी, लाइब्रेरी की निदेशक से भी मिलवाया।

कुल मिलाकर, हुआ यह कि ये दो दिन पूरे के पूरे पुरानी पोथियों के इस अनुभाग में ही बीते। इन दो दिनों में किताबों से तो जाना ही, जोया जी और इल्या वसीलिविच से भी बहुत कुछ मालूम हुआ। इन दो दिनों में, जो संवाद पुस्तकों, रपटों और क्रायवेदों से हुआ, उसकी रिपोर्ट आपके सामने है। आपकी मर्जी कि इसे यात्रावृत्त मानें या शोधवृत्त; हम तो जो किताब सामने है, उस पर ध्यान जमाएँ।

किताब है—'जामेत्की ओपुतिशेस्तविए व यूझनिख नामेस्तनिचेस्तवाख रस्सीसकई इम्पेरी व 1793-1794 गदाख।' यानी '1793-1794 में रूसी साम्राज्य के दक्षिणी क्षेत्रों की यात्रा के बारे में टिप्पणियाँ'। मूल पुस्तक जर्मन में लिपजिग से छपी 1799 में। हमने पढ़ा 2008 में वोल्गा प्रकाशन, अस्त्राखान से प्रकाशित रूसी अनुवाद। लेखक हैं—डॉक्टर पी.एस. पलास। जर्मनी के वैज्ञानिक पीटर साइमन पलास, कैथरीन द्वितीय के निमंत्रण पर, 1767 में रशियन इम्पीरियल एकेडमी ऑफ साइंस; सेंट पीटर्सबर्ग में प्रोफेसर बनकर आए थे। पलास ने रूस के विभिन्न हिस्सों की यात्रा वैज्ञानिक

जोया अलेक्सान्द्रवना, क्रूप्सकाया सिटी लाइब्रेरी, अस्त्राखान

अनुसंधान की दृष्टि से की थी। इसी सिलसिले में वे 1793 में अस्त्राखान आए थे, और अपनी 'टिप्पणियों' में, उन्होंने यहाँ के हिन्दू व्यापारियों के बारे में विस्तार से लिखा है। उनके साथ ही येफेलियान मिखाइलेविच करनेव नामक चित्रकार आया था। करनेव ने हिन्दी सराय में नियमित रूप से होनेवाली हिन्दू पूजा के चित्र बनाए थे, जिनके फोटो हमने इस किताब से लिए।

पलास हिन्दी सराय के निवासी मुल्तानियों, मारवाड़ियों की पूजा के बारे में जो शब्द-चित्र खींचते हैं, उसके निहितार्थ ऐतिहासिक रूप से बेहद मानीखेज हैं। उनका वर्णन रामानन्दी मन्दिर में हो रही पूजा का है। वे बताते हैं कि 'बड़े से बर्तन में पानी भरकर मूर्तियों को उसमें डाल दिया गया, फिर

निकाल कर चौकी पर रखा।' इस तरह मूर्तियों को स्नान कराने को, वैष्णव शब्दावली में 'मज्जन कराना' कहा जाता है। विभिन्न वैष्णव आराध्यों के साथ ही पलास, इस पूजा में 'यंतार' पत्थर यानी शालिग्राम की बतौर आराध्य उपस्थिति नोट करते हैं, और अपने पाठक को इस आराध्य का नाम बताते हैं- 'सदीसाम।' उच्चारण सुनने और समझने की कठिनाई पलास के वर्णन में साफ सुनाई पड़ती है—श्री नरसिंह 'स्युरनुरजिंग' हो जाते हैं, और हनुमान 'गनुमान'। हनुमान का वानरमुख भी पलास को श्वानमुख-सा दिखता है। लड्डूगोपाल की प्रतिमा को पूजा करनेवालों ने 'गोपालश्री' या 'श्रीगोपाल' कहा होगा, पलास को 'गोपालच्छी' सुनाई दिया। उच्चारण की ही नहीं, अपनी मान्यताओं और पूर्वग्रहों को अन्यों पर आरोपित करनेवाली ठेठ यूरोपियन मानसिकता भी इस वर्णन में झलक मारती है। पूजा में रखे शंख (पलास द्वारा सुने गए उच्चारण में, 'जंग या जंकारा') पलास को ऐसे लगते हैं जैसे कि पूजा करनेवालों ने ही ''इन पत्थरों को स्त्री गुप्तांगों का आकार देकर, इन पर हल्दी से पीली धारियाँ खीच' दी थीं। ऊपर से, यह कि ये लोग 'इन्हें बहुत महत्त्व दे रहे थे।'

अस्त्राखान की हिन्दी सराय में पूजा, करनेव का बनाया चित्र (1793)

पलास इस बात पर आश्चर्य भी व्यक्त करते हैं कि "मैंने सुना था कि ये लोग बहुत सम्पन्न हैं, लेकिन इस वक्त तो भारतीय बहुत बुरी हालत में थे..." जाहिर है कि पलास ने जो सुना था, वह किस्सा अठारहवीं सदी के पूर्वार्द्ध का था, लेकिन अब, 1793 में, अस्त्राखान के हिन्दियों का वक्त बिगड़ रहा था। कारण यह कि नादिरशाह के बाद का ईरान राजनीतिक अस्थायित्व का शिकार था, और इसके फलस्वरूप ईरान के रास्ते होनेवाली, भारतीय ही नहीं आरमीनियाई व्यापारियों की गतिविधियों पर भी विपरीत प्रभाव पड़ रहा था। एक कारण यह भी हो सकता है कि कैथरीन द्वितीय द्वारा लागू किए गए नगरीय प्रशासन सम्बन्धी सुधारों के फलस्वरूप, जोकि 1780 के पूरे दशक तक टुकड़ों-टुकड़ों में लागू किए गए, किसी भी जाति के स्थानीय निवासियों की गणना स्थानीय मानकर की जाने लगी थी, इसलिए पलास ने संभवतः कुछ ही समय पहले अस्त्राखान पहुँचे हिन्दी व्यापारी ही देखे हों, जो कि गरीब थे। पहले से बसे, सम्पन्न व्यापारी इस समय तक अपनी हिन्दू पहचान छोड़कर रशियन ऑर्थोडॉक्स चर्च में शामिल होने लगे थे। लेकिन सोचने की बात यह भी है कि 1757 के प्लासी युद्ध के बाद, भारत में ब्रिटिश कम्पनी योजनाबद्ध रूप से आन्तरिक और विदेशी व्यापार को नष्ट कर रही थी। कोलकाता के आरमीनियाई व्यापारी और पुतलीघरों के मालिक कम्पनी की नीतियों के कुपरिणाम भुगत रहे थे। अस्त्राखान के हिन्दू व्यापारियों पर भी तो कम्पनी की इन नीतियों का प्रभाव पड़ा होगा। खैर, यह फिलहाल अनुमान ही है, खोज का विषय है।

लेकिन पलास के वर्णन के प्रसंग में यह तो याद कर ही लें कि अठारहवीं सदी के राजस्थान, मुल्तान और गुजरात में श्री वैष्णव संप्रदाय का खासा प्रभाव था, हालाँकि इसका बौद्धिक और संप्रदायगत सत्ता-केंद्र दक्षिण भारत में ही था। रामानुजाचार्य द्वारा संस्थापित यह संप्रदाय अठारहवीं सदी तक ब्राह्मण-वर्चस्व में पूरी तरह आ चुका था, और तदनुरूप सामाजिक आचरण की उम्मीद अपने अनुयायियों से करता था। इसी के भीतर एक धारा रामानंदियों की थी, जो औपचारिक रूप से तो अलग अभी तक नहीं हुए थे, लेकिन फिर भी पूजा-पद्धति और संप्रदायगत आचार-विचार से लेकर सामाजिक व्यवहार तक के धरातल पर काफी स्वायत्तता बरतते थे। पलास के विवरण में, एक बहुत महत्त्वपूर्ण बात यह भी है कि *"पुजारी अब कोई ब्राह्मण नहीं रह गया था,*

एक दरवेश ही पुजारी का काम करने लगा था।'' जाहिर है, जिसे पलास 'दरवेश' कह रहे हैं, वह ब्राह्मणेतर किसी जाति का साधु था।

रामानन्दी अपने दैनंदिन व्यवहार में वर्णाश्रमवादी विचारधारा का उल्लंघन ही करते थे। यह स्वाभाविक था क्योंकि रामानन्दी तबके का सामाजिक आधार मध्यवर्ती जातियों–काश्तकारों, कारीगरों और छोटे व्यापारियों के बीच था। औपचारिक रूप से श्री सम्प्रदाय का अंग माने जाने पर भी रामानन्दी अपना मुख्य आराध्य लक्ष्मी–नारायण के बजाय सीता–राम को मानते थे। प्रसंगवश, देश के कई नगरों में मौजूद 'बिड़ला–मन्दिर' वस्तुतः लक्ष्मी–नारायण मन्दिर ही हैं। बिड़ला जैसे अनेक सम्पन्न व्यापारी आज तक अपने आस्था–विश्वास में रामानुजी श्रीवैष्णव ही हैं। जिस समय का विवरण पलास दे रहे हैं, उससे बस साठ साल पहले ही, 1733–34 में जयपुर नरेश सवाई जयसिंह ने बाकायदा राजानुशासन का सहारा लेकर, रामानन्दी वैष्णवों से शपथ–पत्र हासिल किए थे कि अब आगे से वे जनेऊ केवल द्विजों को, और मन्दिरों में पूजा का अधिकार केवल ब्राह्मणों को देंगे आगे चलकर। श्रीवैष्णवों का यह —रामानुजी बनाम रामानन्दी—आन्तरिक तनाव घनीभूत होता गया, यहाँ तक कि बीसवीं सदी में भगवदाचार्य के नेतृत्व में ब्राह्मण–वर्चस्व विरोधी रामानन्दियों ने रामानुजियों से 'पूर्ण स्वतंत्रता' की घोषणा कर दी, इस हद तक कि उन्होंने रामानन्द को रामानुज की शिष्य परम्परा में मानने तक से इनकार कर दिया।

अनुमान किया जा सकता है कि उस जमाने में कट्टरपंथी रामानुजियों के अनुयायी व्यापारी समुद्र–यात्रा निषेध का पालन करते होंगे, जबकि रामानन्दी परम्परा से संबद्ध व्यापारी (जो कि सभी 'वैश्य' वर्ण के ही नहीं थे!) ऐसे निषेधों की परवाह किए बगैर, ब्राह्मण देवताओं के कोप का जोखिम उठाकर भी अस्त्राखान सरीखे समुद्र–पार इलाकों में जा पहुँचे थे। वैसे भी जाति–व्यवस्था की व्यावहारिक सच्चाई और वर्णाश्रमपरक सैद्धांतिकी में काफी दूरी थी। अस्त्राखान के हिन्दू व्यापारियों के ही प्रसंग में, स्टीफन डेल अपनी पुस्तक में बताते हैं कि रूसी ही नहीं, समकालीन ईरानी दस्तावेजों में भी, व्यापार करनेवाले सभी हिन्दू 'बनिया' कोटि में रखे गए हैं, भले ही उनकी जन्मगत पहचान कुछ भी हो। ऐसे प्रमाण और भी हैं, अन्य स्थानों से भी हैं कि स्वयं हिन्दू भी व्यापार करनेवाले किसी व्यक्ति को

उनकी जन्म-जाति की उपेक्षा कर, बनिया या व्यापारी के रूप में पहचानने लगते थे। इस बारे में और रामानुजी-रामानन्दी वैष्णवों के तनाव और अन्ततः विच्छेद के बारे में भी, मैं 'अकथ कहानी प्रेम की...' में विस्तार से लिख चुका हूँ।

उसे तो आप पढ़ चुके होंगे, या पढ़ लेंगे, फिलहाल पीटर साइमन पलास द्वारा वर्णित, और रूसी से अनिल जनविजय द्वारा अनूदित, हिन्दी सराय के रहवासियों द्वारा 1793 में की जा रही पूजा का यह आँखों-देखा हाल पढ़िए :

ये रोज वोल्गा में नहाकर पूजा करते थे। सूर्यास्त के बाद पुजारी के साथ पूजा के कमरे में एकत्र होते थे। पुजारी अब कोई ब्राह्मण नहीं रह गया था, एक दरवेश ही पुजारी का काम करने लगा था। मैंने सुना था कि ये लोग बहुत सम्पन्न हैं, लेकिन इस वक्त तो भारतीय बहुत बुरी हालत में थे। एक कमरे में 40-50 लोग रहते थे। यह भी मुझे खटका कि पुजारी ने ब्राह्मण ड्रेस की बजाय शेरवानी-पाजामा पहना था और सभी ने लाल कमीजें पहन रखी थीं। दरवेश ने पूजा शुरू की, सभी ने माथा जमीन पर टिकाया। खरबूजे और दूसरे फल पूजा के लिए लाए गए थे। दरवेश चौकी पर खड़ा था, मूर्तियों के आगे मोमबत्तियाँ जल रही थीं। मूर्ति के बाईं तरफ तेल का लैंप दिन-रात जलता रहता था, दाईं तरफ तुर्की तश्तरी से ढका एक कटोरा था। ऐसे कटोरे मैंने काल्मिक बौद्ध भिक्षुओं के यहाँ भी देखे थे। जोर-शोर से पूजा हो रही थी। एक आदमी घंटी बजा रहा था, दो के हाथ में दीये थे, सब भजन गा रहे थे। दीये, घंटी और भजन सब कुछ बहुत लयबद्ध था। बड़े से बर्तन में पानी भर कर मूर्तियों को उसमें डाल दिया गया, फिर निकालकर चौकी पर रखा। सामने रखे चौकोर रूमाल पर कुछ गोल-सा (गोले में सातिया) बना था। पुजारी पाँच दीयों वाला लैंप उठाकर मूर्ति के सामने गोल-गोल घुमाने लगा, शायद ये लोग अग्निदेव की पूजा कर रहे थे।

एक तश्तरी पर पूजा वाला लैंप रखकर सब के पास आया। हर आदमी उस पर हाथ घुमाकर अपने सर, आँखों पर लगाता था। फिर पानी की पूजा करने लगे। कटोरा पीतल का था, चौकी के दाईं तरफ रखा था। पूजा के बाद हम सब पर पानी छिड़का, फिर हरेक के हाथ में देने लगा।

सब पानी पीकर सर-आँखों पर भी लगाने लगे। फिर पुजारी देर तक, राजा, सरकार, जनता और बाकी रह गए हिन्दुओं की रक्षा की प्रार्थना करने लगा, देर तक करता रहा। फिर किशमिश का प्रसाद बाँटा गया। हम अन्य धर्म वालों को प्रसाद में किशमिश के साथ अखरोट और टॉफियाँ भी दी गईं। पूजा के बाद हमें चौकी को पास से देखने दिया गया, छूने की इजाजत नहीं थी। सोने और ताँबे की मूर्तियाँ, सिल्क के आसमानी और गुलाबी रंग के कपड़े। पुजारी ने हमें देवताओं के नाम बताए—दाईं तरफ से जेगेन्नाथ (जगन्नाथ), सेतुरघुन (शत्रुघ्न), लैक्सेमन (लक्ष्मण), राम, भारत (भरत), लूक्यूमी (लक्ष्मी)...पहले पाँच देवताओं ने पगड़ी पहनी थी, आखिरी मूर्ति स्त्री की थी। उसकी नाक में अंगूठी (नथ) पड़ी थी। देवताओं की दूसरी लाइन में थे—म्यूरली मोरोहर (मुरली मनोहर), एष्टबुजी, (अष्टभुजी-देवी) गनुमान (कुत्ते जैसा सर था), इनके आगेवाली पंक्ति में छोटे देवता सटाकर बैठाए गए थे लाठी वाले स्वरूप के आगे बिरम्मा, बिस्नू, इनके आगे बंदर जैसे कुछ लोगों की मूर्तियाँ थीं। इनका नाम गनुमान (हनुमान) बताया गया। इसके आगे की मूर्तियाँ पीतल की-चीता, शेर और स्युरनुरजिंग (श्री नृसिंह)। इसके बाद कोने में तीन और मूर्तियाँ पत्थर की बीचवाली यंतार पत्थर के चौकोर मंच पर। इन मूर्तियों पर चावल के दाने चिपके थे। इन पत्थरों को ये लोग सदीसाम (शालिग्राम) कह रहे थे। ये पत्थर मंगोलों के लामलिंगम, दुरुमा जैसे लग रहे थे। दो ऐसे आकार जो स्त्रियों की योनि जैसे लग रहे थे, फिर बहुत ऊँची टोपी वाली एक छोटी मूर्ति जिसे गोपालच्छी (गोपालश्री) कह रहे थे। फिर दो काले पत्थर (गंगा नदी से लाए हुए) जिन को सोज, जंग या जंकारा कह रहे थे। ये तीनों चीजें सीपियों जैसी लग रही थीं या समुद्री साही की तरह। इन पत्थरों को भारतीयों ने स्त्री गुप्तांगों का आकार देकर, इन पर हल्दी से पीली धारियाँ खींच रखी थीं, और इन्हें बहुत महत्त्व दे रहे थे। आगे रखी मूर्ति ने सिल्क पहनी थी। उसकी साड़ी आगे से कंधे पर पड़ी थी, पीठ की तरफ जा रही थी और उसमें चुन्नटें पड़ी थीं। वहीं चौकी पर शेर पर सवार नन्दी गनी भी थे। दूसरी मूर्तियों से अलग गोरी (तपस्यारत गौरी) की पतली, सूखी-सी मूर्ति थी।

इन सबके आगे गेंटा (रूसी में शब्द है कलाकोल—घंटी) रखा था।

उस पर गुलाब के फूलों की माला थी। भारत की इन मूर्तियों से तिब्बती मूर्तियों की समानता साफ दिख रही थी, और रिवाज ईसाइयों से भी

हिन्दी सराय में देव-मंडल, अस्त्राखान

मिलते-जुलते साफ दिख रहे थे।

जिस देव-मंडल की पूजा का शब्द-चित्र पलास खींच रहे हैं, उनके साथी चित्रकार करनेव द्वारा उस देव-मंडल का बनाया चित्र आप देख भी सकते हैं।

पलास के कोई पचास साल बाद, एक फ्रेंच दंपती ने भी अस्त्राखान की यात्रा के दौरान हिन्दी कोठी में होती पूजा में शिरकत की थी। पति शोधकर्ता थे और पत्नी-एडेल ओमेर द' गेल थीं कवि। नाम सुनते ही मन में आया कि उनके नाम का 'ओमेर' कहीं उस समय के यूरोपीय बौद्धिक जगत में व्याप्त ओमर खय्याम की ख्याति का संकेत तो नहीं करता? जो हो, उन्होंने 1839 में लिखा अपनी अस्त्राखान का यात्रावृत्त—'स्वर्ण सदी में दो यात्राएँ'। हिन्दियों की लगातार बिगड़ती हालत का पता तो इससे लगता ही है, यह भी मालूम पड़ता है कि या तो एडेल सभी हिन्दुओं के लिए 'ब्राह्मण' शब्द का प्रयोग कर

रही हैं, या फिर अस्त्राखान में ब्राह्मण भी उल्लेखनीय संख्या में थे। हिन्दी-तातार रक्त-मिश्रण का भी एडेल स्पष्ट उल्लेख करती हैं, और चूँकि कवि थीं, सो, पूजा का वर्णन करने के बाद, सवाल पूछती हैं—"क्या यह सही नहीं कि पूजा कम से कम और भगवान का आदर अधिक से अधिक करना चाहिए?"

हमने एडेल की 'स्वर्ण सदी में दो यात्राएँ' का उद्धृत अंश पढ़ा एकातेरिना सोस्मिना की पुस्तक 'लेरमतोव के जीवन की कहानी' (2011) से। सोस्मिना एडेल को उद्धृत करती हैं :

यहाँ बहुत सारे भारतीय हैं, लेकिन अब पहले की तरह व्यापार नहीं करते। ब्राह्मण पहले काल्मीक औरतों के साथ रहते थे, अब इनके बच्चे तातार कहलाते हैं। दो एशियाई खूनों के मिलने से बनी इस नस्ल के नाक-नक्श यूरोपीय हो गए हैं-न तो काल्मीकों जैसी चुंधी आँखें हैं, न भारतीयों जैसा साँवला रंग। ये दोगले बच्चे कोई काम करने से मना नहीं करते। यहाँ फारस के लोग भी हैं। रूस में लगे अनेक प्रतिबंधों के कारण अस्त्राखान में व्यापारिक गतिविधि ठप्प हो गई है। कुछ सौ ही भारतीय बचे हैं, और वे एकदम गरीब हैं। इनकी और फारसियों की दुकानों पर महँगे फैशनेबल कपड़े तक उपलब्ध नहीं हैं।

एक दिन एक ब्राह्मण के घर पूजा में शामिल होने का मौका मिला। वहाँ कुछ नहीं था, सिवा तुर्की ढंग के एक दीवान के। पूजा-सामग्री और प्रतिमाओं ने हमारा ध्यान खींचा। दो ब्राह्मण पूजा की तैयारी कर रहे थे। एक का चेहरा तांबई था और टोपी मलमल की थी। उसने सबका ध्यान अस्त होते हुए सूर्य की ओर खींचा और एक समुद्री सीपी (जाहिर है कि शंख) बजाने लगा। सूरज जैसे इसी सीपी की आवाज में डूब गया। ये लोग दीवार में लगे एक स्लेटी रंग के पत्थर की पूजा कर रहे थे, और उसे महान विरक्त की आत्मा बता रहे थे। यह पत्थर इन लोगों के अनुसार करामाती था।

इन लोगों ने अगरबत्तियाँ जलाईं, जिनके धुएँ और खुशबू के बादल में चीजें अजीब लगने लगीं। हम पर ऐसा प्रभाव हुआ कि सच और फैंटेसी का फर्क मिट गया। सब कुछ गहरी चुप्पी में डूब गया। अचानक कुछ 'रिचुअल' हुए और दोनों ब्राह्मण घुटनों के बल गिरकर प्रार्थना करने लगे। पूजा में डूबे इन लोगों की आँखें चमकने लगीं। माहौल डरावना हो गया। ब्राह्मण दैत्यों जैसे लगने लगे। अब ये गतिविधियाँ प्रार्थना जैसी नहीं लग रही थीं। मुझे तो

डर, आश्चर्य, उत्सुकता और घृणा का मिला-जुला अहसास हो रहा था। ये लोग अगर स्वयं थक न गए होते तो हम लोग यह सब और सह न पाते।

क्या यह सही नहीं कि पूजा कम से कम और भगवान का आदर अधिक से अधिक करना चाहिए?

पलास और एडेल के विवरणों को एक साथ पढ़ने से स्पष्ट हो जाता है कि हिन्दी व्यापारियों की हालत बिगड़ने की शुरुआत के बाद भी नये व्यापारी भारत से आते रहे। वे आते थे, किस्मत चमकाने की उम्मीद में, और उनकी मौजूदगी नोट की जाती थी, आश्चर्यजनक रूप से गरीब लोगों के रूप में। यह भी जाहिर है कि उनका आना जब भी बंद हुआ, व्यापार की संभावनाएँ खत्म होने के कारण हुआ, समुद्र पार करने को पाप मानने के कारण नहीं।

एडेल से पहले, पी.एस. पलास से भी आठ बरस पहले, मिखाइल चुल्कोव लखपति और विपन्न दोनों तरह के हिन्दी व्यापारियों का उल्लेख करते हैं। मिखाइल चुल्कोव ने 'रूसी व्यापार का इतिहास—आरम्भ से लेकर अब तक' नामक पुस्तक यूनिवर्सिटी प्रेस, मॉस्को से 1785 में प्रकाशित की थी। यह पुस्तक 'सम्राज्ञी इकेतरीना' को समर्पित है। हम जोया की कृपा से इसका 1785 वाला मूल संस्करण देख सके। 'अगरिजानों' के लिए काफी तीखी शब्दावली का प्रयोग करते हुए चुल्कोव लिखते हैं :

भारतीय कोठी पुराने मठों की तरह पत्थर की बनी है, यहाँ सौ भारतीय निवास और व्यापार करते हैं। उनके घरों के दरवाजे बाहर की ओर नहीं, अंदर आँगन की ओर खुलते हैं। ये लोग आम तौर से अस्त्राखान में बिना वीजा के दस-बीस-तीस के समूह में रहते हैं। इनमें लखपति लोग भी हैं, लेकिन ये न तो स्थानीय व्यापारी होने का प्रमाण-पत्र लेते हैं, न जमींदार होने का। इसीलिए नागरिक कर्तव्य भी नहीं निभाते। सिर्फ पेशेवर टैक्स देते हैं 12 रूबल की दर से। रूसी इनके साथ काम करते हैं, जिनमें मुख्यतः अस्त्राखान के तातार हैं। इन्हें भारतीय उधार माल देते हैं, उधार पर ब्याज लेते हैं। बहुत से तातार उनके ऋण तले दबे हैं, और ऋण के बदले अपनी पत्नियाँ सौंप देते हैं जिनसे भारतीयों ने बहुत से बच्चे पैदा किए हैं, जिन्हें अस्त्राखान में अगरिजान तातार कहा जाता है—यानी वे तातार जो गिरवी (रूसी शब्द है—जालोग) रखी गई तातारिनों से पैदा हुए हैं।

हिन्दी सराय में बने घरों के दरवाजे आज तक भी बाहर की ओर नहीं, अन्दर आँगन की ओर ही खुलते हैं!

चुल्कोव से भी पहले, 'पूतिशेस्तविए पा रूसी' (रूस की यात्रा) नामक पुस्तक में 'शुरुआती अगस्त, 1769 से 5 सितम्बर, 1770 तक' की अपनी यात्रा का विवरण देते हुए, इम्पीरियल एकेडमी ऑफ साइंस, लंदन के डॉक्टर सेम्युअल ग्योर्ग गिमेलिन अगरिजानों के संदर्भ में और भी कठोर शब्द इस्तेमाल कर रहे थे :

अस्त्राखान में तातारों के तीन मोहल्ले हैं। इनमें से पहला अगरिजान मोहल्ला कहलाता है। अगरिजान तातार शब्द है, जिसका अर्थ है– विवाहेतर सम्बन्ध से उत्पन्न, अवैध संतान (रूसी में शब्द है–वीरदका) अगरिजान यानी वो तातार जो भारतीयों से पैदा हुए हैं, भारतीय तातारिनों से शादी करके बच्चे पैदा करते हैं जिनकी तादाद इतनी ज्यादा है कि पूरा मोहल्ला बन गया है।

जोया ने जो हमें दिखाया, वह मूलतः जर्मन में प्रकाशित इस पुस्तक का 1777 में सेंट पीट्र्सबर्ग से छपा हुआ रूसी अनुवाद था।

अस्त्राखान में ही प्रोफेसर रहे एलेग्जेंदर आई. युख्त (1917–1994) की रशियन हिस्ट्री इंस्टीट्यूट, मॉस्को से 1994 में प्रकाशित, 'पूर्वी देशों के साथ व्यापार और रूस का घरेलू व्यापार' नामक पुस्तक में दी गई सूचनाएँ रोचक हैं, और सुरेन्द्र गोपाल, स्टीफन डेल और अरूप बैनर्जी द्वारा दी गई सूचनाओं से मेल खाती हैं। ब्यौरों में जाना यहाँ जरूरी नहीं, लेकिन, युख्त के अपने शब्दों में, सोलहवीं सदी से ही सक्रिय भारतीय व्यापारी '18वीं सदी में काफी ज्यादा माल लाने लगे थे, फारस के व्यापारियों जितना ही...' और, इन्हें नगर के समाज में 'बहुत ऊँचा दर्जा हासिल था।' क्यों न होता, जबकि 'रूस के कुल आयात का 10.6% भारतीय ही लाते थे। कुछ चीजों पर एकाधिकार इस हद तक कि उनका पिचासी फीसदी से ज्यादा कारोबार इन्हीं के हाथ में था, निर्यात गतिविधि का 40% अस्त्राखान में अड्डा जमाए बैठे भारतीय व्यापारियों के हाथ ही में था।'

युख्त बताते हैं, 'भारतीय व्यापारी स्थानीय ईसाइयों के बजाय मुस्लिम तातारों के साथ सामाजिक सम्बन्ध ज्यादा बनाते थे। स्वाभाविक ही था क्योंकि इन हिन्दू व्यापारियों के लिए ईसाइयों की तुलना में मुस्लिम समाज अधिक जाना–पहचाना था। कुछ तो स्थानीय तातार औरतों से सम्बन्ध

बनाकर घरजमाई ही बन जाते थे। धीरे-धीरे ये लोग अस्त्राखानिस्ख इंजित्सेफ (अस्त्राखानी भारतीय) कहलाने लगे। भारतीय और तातारी सम्पर्क से उत्पन्न सन्तानें अगरिजान कहलाईं। जनगणनाओं में इनकी संख्या धीरे-धीरे बढ़ती हुई नोट की गई है- 1738 में 48, 1746 में 109 और 1824 में 117। इनके वंशज अब अगरिजान तातार कहलाते हैं।'

इन्हीं अगरिजानों की खोज में तो हम आए हैं, लेकिन स्थानीय समाज और संस्कृति के स्वभाव के कारण अपनी अलग पहचान बनाए रखना कठिन होता गया, और ये लोग अपने आपको अगरिजान कहने में संकोच करने लगे, स्वयं को पूरी तरह रूसी या फिर तातार जताने लगे। 'अगरिजान' शब्द संकोचजनक रक्तमिश्रण की ओर संकेत जो करता था। इस बार तो नहीं, अगली बार शायद कोई मिले जो अपने आपको अभी तक अगरिजान कहता हो, एक जमाने में तो पूरा मोहल्ला था, इन लोगों का, जिमिलिनो गोरद यानी आम लोगों की बस्ती में। खैर।

अगरिजानों के प्रति तत्कालीन 'श्रेष्ठ' समाज के मन में कैसे भाव थे, यह चुल्कोव और गिमेलिन के उद्धरणों से आपको मालूम पड़ ही गया है। आशंका यही है कि ऐसे ही भाव अभी भी होंगे, तभी तो अपने आपको 'अगरिजान' कहने को कोई तैयार नहीं। हालाँकि, इल्या वसीलिविच के अनुसार, अपने को भारतवंशी मानने में संकोच के बावजूद यह तथ्य अपनी जगह है कि अस्त्राखान के अनेक तातार साँवले हैं। इल्या का यह कहना बहुत ही मानीखेज था कि, 'अगरिजान शब्द की व्युत्पत्ति और व्याख्या भारतीय भाषाओं में खोजें, हमारे यहाँ इसकी व्याख्या संभव नहीं।'

करनी ही है इस व्याख्या की खोज, भारतीय भाषाओं में भी, रूसी में भी।

भारतीय व्यापारियों की उपयोगिता के कारण सत्ता-तंत्र में उनका प्रभाव था, लेकिन अठारहवीं सदी के उत्तरार्द्ध के आते-आते, चूँकि विभिन्न कारणों से भारत से होनेवाले व्यापार में कमी आ रही थी, सो इनका प्रभाव भी घट रहा था। हिन्दी व्यापारियों से परेशान रूसी व्यापारी अब इनका प्रभाव घटाने में कामयाब हो रहे थे। ऐसा भी लगता है कि इस समय, स्थानीय समाज में इन लोगों के प्रति असहिष्णुता बढ़ रही थी, उन पर ईसाइयत लादने की कोशिशें की जा रही थीं। नीतिगत धरातल पर सत्ता-प्रतिष्ठान नहीं चाहता था कि भारतीय व्यापारियों की जीवन-पद्धति में हस्तक्षेप किया जाए, लेकिन

व्यवहार में, चर्च के दबाव में, या स्थानीय व्यापारियों की ईर्ष्या के कारण भारतीय व्यापारियों की मुश्किलें बढ़ने लगी थीं, यह बात विभिन्न स्रोतों को ध्यान से देखने पर जाहिर हो जाती है।

ये व्यापारी मॉस्को तक व्यापार करते थे, हालाँकि ईर्ष्या-दग्ध रूसी व्यापारी चाहते थे कि भारतीयों की गतिविधियाँ अस्त्राखान से आगे न बढ़ पाएँ, फिर भी ये लोग मॉस्को में थे, वहाँ इनकी बस्ती थी। स्थानीय अभिजन की ईर्ष्या से बचने के लिए ज्यादातर भारतीय व्यापारी, इल्या के शब्दों में, 'लो-प्रोफाइल मैंटेन करते थे', सादा जीवन बिताते थे। 1770 तक यह व्यवस्था थी कि पूर्वी देशों के व्यापारी यूरोपीय रूस के बाहर ही रहें। 1770 में अस्त्राखान के इलाके में स्तीफान राजिन के नेतृत्व में किसान विद्रोह हुआ, जिसकी धार विदेशी व्यापारियों के विरुद्ध करने में स्थानीय व्यापारियों और सामंतों ने सफलता पाई। दूसरी ओर, तातारों ने विद्रोहियों के हमलों से भारतीयों की रक्षा की। रूसी सत्ता-प्रतिष्ठान को भारतीय व्यापारियों के महत्त्व का कितना बोध था, यह इससे भी जाहिर होता है कि इस विद्रोह के बाद, नुकसान की भरपाई के लिए, केंद्रीय सत्ता के नेक इरादों का यकीन दिलाने के लिए 'अस्त्राखान इंजित्सकी' को मॉस्को तक व्यापार करने की औपचारिक अनुमति दे दी गई।

14-16 सितम्बर, 2004 को 'रूस की ऐतिहासिक नियति और वी. एम. तातिशेव की विरासत' पर अस्त्राखान में एक सेमिनार आयोजित किया गया था। तातिशेव अठारहवीं सदी में अस्त्राखान के गवर्नर थे। इल्या के शब्दों में, 'तातिशेव लीजेंडरी फिगर थे, बिजनेस समझते थे'; इसीलिए उन्होंने भारतीय व्यापारियों को आश्वस्त भी किया था, और इसीलिए भारतीयों का एक प्रमुख व्यापार-जवाहरात का कारोबार—सरकारी हाथों में भी ले लिया था। भारतीय बड़ी तादाद में फारस में बसे थे। फारस बड़ा केंद्र था। किसी माल के फारस पहुँचने की ही देर थी, उसके बाद तो भारतीय और आरमीनियाई उसे दुनिया भर के बाजारों में फैला ही देते थे। भारतीय व्यापारी मुख्यतः बुखारा और ह़ीबा (खीबा) के रास्ते आते थे। इन्हीं शहरों में उनके अड्डे पहले-पहल बने थे। भारतीयों के व्यापार में जहाजों का, व्यापारी जहाजों का खूब इस्तेमाल होता था। फारस तक तो माल जहाजों पर ही आता था। उसके बाद, अपनी सुविधा के अनुसार, ये लोग 'सुखोइ' (सूखे!) रास्ते से आते थे, या कैस्पियन पार करते थे।

जवाहरात फारस के रास्ते भारत से ही आते थे, जार के लिए जवाहरात का चयन करनेवाला जौहरी भी एक लंबे अरसे तक भारतीय ही था—इस व्यापार में आरमीनियाई तो भारतीयों के प्रतिस्पर्धी थे ही, यूरोपीय कंपनियाँ भी महत्त्वपूर्ण थीं। इस तितरफा प्रतिस्पर्धा में रूसी व्यापारी पिछड़ जाते थे। तातिशेव द्वारा जवाहरात-व्यापार के सरकारीकरण से विदेशियों की प्रतिस्पर्धा से घरेलू व्यापार को होने वाले नुकसान में कमी तो आई होगी। रूसी व्यापार की जायज हित-चिंता के बावजूद तातिशेव ने सरकारी प्रशासन को रूसी व्यापारियों की ईर्ष्या का उपकरण नहीं बनने दिया।

1744 में रिटायर होने के बाद, वासिली तातिशेव इतिहास-लेखन में जुट गए, और 'दैवीय इच्छा' की बजाय 'मानवीय चित्त' के विकास को इतिहास की निर्धारक शक्ति निरूपित किया। स्वाभाविक है कि तातिशेव अस्त्राखान की सामूहिक स्मृति में प्रगतिशील जीवन-दृष्टि और आर्थिक उन्नति के प्रतीक बन गए हैं।

तातिशेव के सम्मान में आयोजित इस सेमिनार में प्रस्तुत एन.ए. पपोव का पेपर—'18वीं सदी में अस्त्राखान में भारतीय बस्ती की दैनंदिन समस्याओं का इतिहास'—रोचक सूचनाएँ देता है।

भारतीय व्यापारियों को आश्वस्त करने के लिए, तातिशेव ने 26 दिसंबर, 1744 को आदेश जारी किया, 'आने वाले व्यापारियों के साथ वैसे ही अच्छे सम्बन्ध रखे जाएँगे, जैसे आज तक रहे हैं, उन पर लगाए गए अदालती मामले उन्हीं के क़ानूनों के अनुसार निबटाए जाएँगे, उन पर ईसाइयत लादने की कोशिशें बर्दाश्त नहीं की जाएँगी, और वे अपनी धार्मिक गतिविधियाँ, अपने रीति-रिवाज अबाध रूप से जारी रख सकेंगे।' इसके पहले सत्रह सितम्बर को तातिशेव एक आदेश जारी करके 'यहाँ रहनेवाले व्यापारियों का स्टेटस' निर्धारित कर चुके थे। इस आदेश के अनुसार, भारतीय व्यापारी आगे से अस्त्राखान के ही व्यापारी कहलाएँगे, लेकिन अपनी सांस्कृतिक पहचान सुरक्षित रखते हुए, 'अपने मामलों को निपटाने के लिए अपने न्यायाधीश नियुक्त करने का अधिकार सुरक्षित रखते हुए।'

जाहिर है, संकेत भारतीयों के बीच प्रचलित बिरादरी पंचायतों की ओर है। गवर्नर का आदेश इन पंचायतों के न्यायिक अधिकार-क्षेत्र को औपचारिक मान्यता दे रहा था। इन पंचायतों की गतिविधियों को व्यवस्थित रूप देने के लिए

विशेष अदालती संगठन—रातगाउस—के गठन की बात भी आदेश में कही गई है।

यह आदेश सत्रहवीं सदी से चली आ रही औपचारिक, प्रशासनिक स्थिति का पुनः रेखांकन ही कर रहा था। सत्रहवीं सदी में, भारतीय व्यापारी अपनी गतिविधियाँ ईरान से रूस तक बढ़ा रहे थे। इसी सदी के तीसरे दशक में रूसी शासकों ने विदेशी व्यापारियों को सक्रिय रूप से बढ़ावा देने की नीति अपनाई। भारतीय व्यापार के केंद्र के रूप में अस्त्राखान का विकास इसी नीति का परिणाम था। भारत के साथ व्यापार का अर्थ है—समृद्धि; यह बात अन्य यूरोपीय ताकतों के साथ रूसी सत्ता भी जानती थी। भारत पहुँचनेवाले रास्तों की खोज करने में रूसी पहले से सक्रिय थे। अफांसे निकितिन (1466–72) भारत में था, उसके विवरण सुलभ हैं, और वह वेनिस निवासी कोंटी (1435–44) और वास्को डि गामा के अलावा अकेला यूरोपियन है जिसने उस वक्त के भारत के बारे में लिखा है।

अस्त्राखान में बसने वाले भारतीय व्यापारियों में हिन्दू ही थे, मुसलमान रहे भी होंगे, तो इक्का-दुक्का ही। रूसी समाज के लिए मुसलमान तो जाने-पहचाने थे, लेकिन ये पैगन, मूर्तिपूजक, गोपूजक लोग, जो कि अपने मुर्दों को दफनाने के बजाय जलाते थे...इन्हें पचाना स्थानीय समाज के लिए कठिन था। राजसत्ता इन पैगनों की उपयोगिता जानती थी, इसलिए इन मारवाड़ी, पंजाबी, मुलतानी, गुजराती और सिंधी हिन्दुओं को अपने धर्म, रीति-रिवाज के पालन की छूट देना चाहती थी, लेकिन सीमित छूट ही। इल्या वसीलिविच ने याद दिलाया कि 'उदारता का अर्थ मन्दिर-निर्माण की अनुमति नहीं था'...बस, इतना ही कि आप अपनी हिन्दी सराय के किसी कमरे में, या अपने घर में अपने ढंग से पूजा करें, तो रोक-टोक नहीं है। सिद्धान्तः यह भी कि यदि कोई कट्टरपंथी आपकी पूजा आदि में व्यवधान डाले तो उसे रोका जाएगा; लेकिन, कई बार, स्थानीय प्रशासन की सहानुभूति भी कट्टरपंथियों के साथ ही होती थी। उधर मॉस्को को 'जन-भावनाओं' की रक्षा करने से ज्यादा चिंता धन-निर्माण की थी इसलिए स्थानीय प्रशासन के विरोध के बावजूद, 1683 में रूसी सरकार ने इन पैगनों को नगर के बाहर अपने मृतकों के शवदाह की छूट दे दी थी। इस कानूनी मान्यता के बावजूद शवदाह को सामाजिक मान्यता कभी नहीं मिली। स्थानीय रूसी समाज की नाराजी से बचने के लिए शवदाह

नगर के बाहर जंगल में छुपकर ही करना होता था। हाँ, केन्द्रीय सरकार के इस रवैये का यह नतीजा जरूर हुआ कि सत्रहवीं सदी तक हिन्दुओं को जबरन रशियन ऑर्थोडॉक्स चर्च में शामिल नहीं किया गया।

पपोव आगे बताते हैं, वोल्गा-जल का उपयोग गंगा-जल की जगह करनेवाले इन भारतीय व्यापारियों की बस्ती में दरवेशों को वही आदर मिलता था, जो ब्राह्मणों को। हिन्दी सराय में तीन कमरे सामूहिक गतिविधियों के लिए थे, इनमें मुख्य था, 'ताकुर दुआरा' (कहने की आवश्यकता नहीं कि यह 'ठाकुर-द्वारा' का रूसी उच्चारण है)। सबसे महत्त्वपूर्ण बात यह कि—*'पुजारी ब्राह्मण स्थानीय भी होते थे, और बाहर से भी आते थे, बड़े व्यापारी अपने साथ ब्राह्मणों को लेकर आया करते थे।'*

जाहिर है कि इनमें से कुछ यहीं रह जाते थे, लेकिन कुछ वापस भी जाते थे, वरना 'स्थानीय' और 'बाहर से आने' वालों के बीच अन्तर करने की जरूरत नहीं पड़ती। यह भी जाहिर है कि व्यापार करनेवाले बनियों में ही नहीं, धर्मादेशों और रीति-रिवाजों का निष्ठापूर्वक पालन करनेवाले ब्राह्मणों में भी ऐसे लोग थे, जो समुद्र-यात्रा निषेध की परवाह नहीं करते थे, और परवाह न करने के अपराध में जाति-बाहर भी नहीं कर दिए जाते थे। वियतनाम, ईरान, मिस्र, रूस और ईथियोपिया तक में बसे व्यापारियों और दीगर भारतीयों की जीवन-पद्धति का गंभीर अध्ययन भारतीय इतिहास के बारे में प्रचारित किए गए अनेक अंधविश्वासों का उपचार कर सकता है।

पपोव इन हिन्दू व्यापारियों की जीव-दया के बारे में पोलिश यात्री यापतोव्स्की द्वारा 1797 में की गई टिप्पणी उद्धृत करते हैं, "बहेलियों से पक्षी खरीदकर भारतीय उन्हें आजाद कर देते हैं, आवारा कुत्तों को भोजन कराते हैं, जीवदया का व्यवहार करते हैं।" यापतोव्स्की ने यह भी लिखा है कि "ये लोग शाम को बाग में हवाखोरी करते हैं। हिन्दी सराय चौकोर इमारत है। इसके अन्दर विशाल आँगन है। यहाँ के निवासियों की दुकान में ही घर होता है, खिड़कियाँ नहीं, बस छत में रौशनदान होता है, छोटी अंगीठी पर खाना बनाते हैं। ये लंबी बांहों वाले कुर्ते पहनते थे, उस पर सिल्क का गाउन और उस पर ठंड के दिनों में बोरी-सा रंग-बिरंगा कपड़ा। पगड़ी ऐसे बाँधते थे कि चाँद दिखती थी, पुजारी लोग सफेद या लाल पगड़ी बाँधते थे।"

यापतोव्स्की ने भी पलास और एडेल की तरह, हिन्दी सराय के 'ताकुर

दुआरा' में पूजा होते देखी थी, जोकि पपोव के शब्दों में, "उसे उतनी ही पसंद आई, जितनी कि आ सकती थी!"

विभिन्न स्रोतों से अस्त्राखान के हिन्दी व्यापारियों के नाम भी प्राप्त होते हैं। डेल की बात याद करें, इन हिन्दू नामों के उच्चारण समझने और अपनी भाषा में उन्हें दर्ज करने में रूसी अधिकारियों को दिक्कत होती थी। सबसे ज्यादा मार्के की बात यह है कि इस तरह दर्ज किए गए नामों में जातिवाचक शब्दों का उल्लेख तक नहीं है। इनमें से किसी नाम के साथ वह नहीं मिलेगा, जिसे आज हम 'सरनेम' कहते हैं। व्यक्ति के नाम के साथ जो शब्द लगाया गया है, वह या तो उसके पिता का नाम सूचित करता है, या उसके निकास का स्थान। बगारी आलमचन्दोफ यानी आलमचन्द का बेटा बगारी, टेकचन्द लालयेव यानी लाल का बेटा टेकचन्द; और अमरदास मुल्तानी यानी मुल्तान का अमरदास, मारवाड़ी बारायेव यानी मारवाड़ का बारायेव।

इन व्यापारियों में सबसे बड़े, सम्पन्न व्यापारी थे—जेगात्रा फतेचन्द। 25 सालों तक आयात-निर्यात के काम पर छाए रहे फतेचन्द की कम्पनी का नाम सभी कस्टम रजिस्टरों में मिलता है। 1730 में सबसे ज्यादा चुंगी फतेचन्द ने ही चुकाई थी। इनकी कम्पनी कैस्पियन सागर में तैनात रूसी नौसेना को भी माल सप्लाई करती थी। लेकिन इन व्यापारियों में सबसे नाटकीय जीवन और चरित्र मारवाड़ी बारायेव का ही था। बीस साल के छोटे से अरसे में ही मारवाड़ी बारायेव ने जो उतार-चढ़ाव देखे, उनसे लगता है जैसे कि वह जीवन नहीं, कोई उपन्यास जी रहा था। बारायेव शब्द संभवत: बालदेव या बलदेव का रूसी उच्चारण हो! कौन जाने, यह शब्द 'बारायेव' अपने 'बड़ा' का ही कामचलाऊ रूसीकरण हो! इस मारवाड़ी के 'बड़ा आदमी' बनने की कहानी का संकेतक हो!

जो हो, बारायेवजी से मुलाकात तो ठीक से, इस खोज-यात्रा के दूसरे दिन ही हुई। पहले दिन का अन्त हो रहा था। हमें तो पता नहीं चला, कब लंच का समय हुआ, कब चाय का। जोयाजी ने ही चाय पिलवा दी थी। जोया बार-बार याद दिलाती थीं, श्री के.एल. मलिक की, जिन्हें मैं ही नहीं, बहुत से लोग, 'जे.एन.यू. लाइब्रेरी की आत्मा' मानते हैं। वैसा ही सहज ही मदद करने का स्वभाव, अपने पुस्तकालय के बारे में वैसी ही मुकम्मल जानकारी, अपने प्रिय विषय में वैसी ही महारत...

होटल पहुँचने के बाद, तरोताजा होकर, सोचा कि 'सिटी सेंटर' भी तो देखा जाए, शाम की रौनक देखी जाए। निकले वीक्तर महोदय के रथ में, और यह लीजिए, थोड़ी देर में फिर से क्रूप्सकाया लाइब्रेरी के ही आस-पास के इलाके में। फर्क यह कि अब रोशनी सितम्बर की चमकीली धूप की नहीं, बिजली की रंग-बिरंगी बत्तियों की थी। वीक्तर साहब की ओर देखा तो शरारत या भोलेपन से मुस्कराकर उन्होंने फरमाया, "दिन में आप काम करने आए थे, अभी सैर करने...लेकिन सिटी सेंटर तो वही रहेगा न जो दिन में था..."

बिलकुल ठीक बात...

क्रूप्सकाया लाइब्रेरी के दाएँ हाथ, भीतर की ओर जाती सड़क पर बनी, रंग-बिरंगी रोशनियों से सजी दुकानों से गुजरते हुए जब पीछे की तरफ पहुँचे तो देखा, एक पार्क के चारों तरफ सरकारी इमारतें। नीम-अँधेरा और सन्नाटा। लेकिन जो इक्का-दुक्का लोग वहाँ टहल रहे थे या बेंचों में पार्क पर बैठे थे, उनके ढंग-डौल से जाहिर था कि सन्नाटे का मतलब असुरक्षा नहीं है। न जाने क्यों, येरेवान के चमकीले और गुलजार रिपब्लिक चौक से अस्त्राखान का यह खामोश चौक ज्यादा अपना-सा लगा। लगभग उदास। कुछ अँधेरे, कुछ उजाले में कुछ सोचता-सा, अपने आप से जैसे कुछ बतियाता-सा...

अनिल इधर-उधर टहल रहे थे, मैं एक बेंच पर जा बैठा था, चुपचाप... अंदर तक चुपचाप। कोई यादें नहीं, कोई बातें नहीं। इक्का-दुक्का कोई बात मन में आए भी तो बिना कोई छाप छोड़े फिसल जाए। कोई थकान नहीं, उत्तेजना भी नहीं।

मैं उदास नहीं, सिर्फ खामोश था। किसी से अलग नहीं, सिर्फ एकांत में था।

अनिल बात बूझ रहे थे, टहलते रहे, किसी से शायद कुछ देर बतियाया भी उन्होंने।

पता नहीं, कितनी देर बाद, हौले से मेरा कंधा छूकर, बहुत धीमी आवाज में अनिल ने कहा, "देर हो रही है, चलें पुरुषोत्तम?"

"हाँ, और क्या, चलें..."

बाद में, अनिल ने थोड़े संकोच, थोड़ी शरारत के साथ बताया कि उन्होंने मेरे एकांत का फोटो ले लिया था।

उसी रात, एक और फोटो मैंने लिया था, लेकिन दोस्तों से साझा किया मार्च के अंतिम सप्ताह में, फेसबुक के जरिए। उन दिनों, मुराकामी का नया उपन्यास 'वन क्यू ऐट फोर' पढ़ रहा था। ऐसा उपन्यास जिसे खत्म करने को जी न चाहे। पढ़ते-पढ़ते एकाएक ही 'अस्त्राखान के आसमान में दिखते दो-दो चाँद' याद आ गए थे...फोटो के साथ लिखा,'मुराकामी के उपन्यास वन क्यू ऐट फोर (1Q84) में जो लोग 1984 से 1Q84 की समानांतर दुनिया में चले जाते हैं, उन्हें आसमान में एक की जगह दो चाँद दिखते हैं...

मुझे तो सितम्बर की उस रात अस्त्राखान के आकाश में वोल्गा के ऊपर ये दो चाँद दिख गए थे। देखिए! कैसे पास आकर आपस में कानाफूसी कर रहे हैं...

1984 के समानांतर के 1Q84 की तरह वह सितम्बर 2011 के समानांतर मेरा अपना सितम्बर 2011 था...अस्त्राखान में...'

दोस्तों को फोटो पसंद आया। मुझे अच्छे लगे उनके कमेंट्स। यारों ने अपनी

अस्त्राखान के आसमान में दो-दो चाँद

फोटोग्राफी कला का भी लोहा माना। प्रबोध झिंगन से बरसों से मुलाकात नहीं हुई है, उन्हें मेरे 'व्यक्तित्त्व के इस नये पहलू का परिचय पाकर सुखद आश्चर्य हुआ'; हालाँकि पहलू नया है नहीं। जैसाकि समीर ने इस प्रसंग में याद किया, "जनाब को फोटोग्राफी में बहुत रुचि है"। सईद अयूब को मिस्र की तिलिस्मी कहानियाँ याद आने लगीं, तो अशोक पांडेय ने 'इससे सुन्दर नजारा नहीं देखा'; प्रकाश राय को तो यह फोटो देखकर क्या, अस्त्राखान शब्द सुनते ही इब्न बतूता की याद आने लगती है।

मनीषा कुलश्रेष्ठ को याद आई वह कविता, 'चाँद का मुँह टेढ़ा है'...और उन्होंने पूछा, "सरजी जे है का चीज ?" चीज तो वही है, जो थी, अस्त्राखान के आसमान में दो-दो चाँद; सबके सितम्बर, 2011 के समानांतर, मेरा अपना सितम्बर, 2011—अस्त्राखान में...

और इस समानांतर सितम्बर की अगली तारीख—बारह... इस बार के सफर का आखिरी दिन...वही लाइब्रेरी, वही कमरा...बारायेव...

4 स्पासीबा...दस्वीदानिया...

काफी अनुभवी और दुनियादार किस्म का व्यक्ति था, मारवाड़ी बारायेव। उसका और यकीनन उसके जैसे कई औरों का जीवन शोध का विषय भी है, उपन्यास का मसाला भी। उसका पहला उल्लेख 1721 के दस्तावेजों में मिलता है, यह शिकायत करते हुए कि 'एलेक्सेई पुचकोव से मेरे बारह रूबल मय सूद के वापस दिलाए जाएँ'... और 1726 में बारायेव की हैसियत अन्य भारतीय व्यापारियों से तीन हजार रूबल की हुंडियाँ खरीद लेने की हो चुकी थी। 1735 में उसके अनुभवों का लाभ उठाने के लिए और अस्त्राखान के साथ ही भारतीय व्यापार के एक और केंद्र के रूप में ओरेनबर्ग को विकसित करने के काम में उसे लगाया गया था। ओरेनबर्ग के अधिकारीगण—'सर्वाधिक सम्मानित हिन्दी व्यापारी' का सहयोग और समर्थन पाकर 'अत्यन्त प्रसन्न' थे, और सम्राज्ञी अन्ना इवानोवा से बारायेव की सिफारिशें स्वीकार करने का अनुरोध कर रहे थे। दूसरी ओर, ऐन इसी कारण अस्त्राखान के गवर्नर तातिशेव बारायेव से कुपित हो रहे थे। उन्हें डर था कि भारत के साथ व्यापार केंद्र के रूप में ओरेनबर्ग के विकसित होने से अस्त्राखान के और उनके अपने महत्त्व में कमी आएगी।

अस्त्राखान लौटते ही झूठे-सच्चे आरोपों में बारायेव को बंद कर दिया गया। ईसाइयत अपना लेने से जेल से मुक्ति तो उसे मिल गई, लेकिन 77,000 रूबल की जब्तशुदा

सम्पत्ति गई सो गई। सुरेंद्रगोपाल के शब्दों में 'धूमकेतु की तरह उदय और अस्त' होनेवाले मारवाड़ी बारायेव का अक्तूबर, 1739 के बाद के दस्तावेजों में कोई उल्लेख नहीं मिलता।

उराल पर्वत की तलहटी में बसे ओरेनबर्ग में किले का निर्माण यों तो कजाकों को रूसी नियंत्रण में लाने के इरादे से 1737 में किया गया। लेकिन मॉस्को सरकार के लिए ओरेनबर्ग पूर्वी खासकर भारत के साथ व्यापार के लिहाज से भी महत्त्वपूर्ण था। अस्त्राखान और ओरेनबर्ग के बीच होड़ शुरू हो गई कि भारत के साथ व्यापार का मुख्य केंद्र दोनों में से कौन हो। ओरेनबर्ग के संस्थापकों में से एक, क्रिलोव ने मारवाड़ी बारायेव को 1735 में बुलाया था यह जानने के लिए कि अस्त्राखान के भारत के साथ व्यापार के कौन से मार्ग हैं और कौन सा ओरेनबर्ग के लिए सबसे बढ़िया रहेगा, और साथ ही यह भी कि क्या अस्त्राखान के भारतीय व्यापारी अस्त्राखान की बजाय ओरेनबर्ग से व्यापार करना पसंद करेंगे ? बारायेव ने वादा किया कि वह अस्त्राखान के व्यापारियों को ओरेनबर्ग से व्यापार करने के लिए न केवल मना लेगा, बल्कि शुरुआती पूँजी के तौर पर लाख-डेढ़ लाख रूबल का इंतजाम भी आसानी से कर लेगा। ओरेनबर्ग के प्रति इसी उत्साह का मोल बारायेव को अपनी गिरफ्तारी और बर्बादी से चुकाना पड़ा।

आगे चलकर भारत और अफगानिस्तान के साथ व्यापार के मामले में ओरेनबर्ग का महत्त्व बढ़ता चला गया। भारतीय व्यापार मॉस्को सरकार को इतना महत्त्वपूर्ण लग रहा था कि उन्नीसवीं सदी में ट्रांस-साइबेरियन रेलवे को अफगानिस्तान और भारत तक बढ़ाने की बात सरकारी हलको में गम्भीरता से सोची जा रही थी। जाहिर है कि भारत के साथ रूस के सीधे व्यापार में ईस्ट इंडिया कम्पनी और ब्रिटिश सरकार की दिलचस्पी नहीं थी, बल्कि विरोध था, सो यह रेलवे लाइन रूसी सरकार के कागजों तक ही सीमित रह गई। बहरहाल, ओरेनबर्ग के अधिकारियों को बारायेव ने चार मार्ग बताए, जिनमें से दूसरा सर्वश्रेष्ठ इसलिए नहीं था कि समुद्र पार न करना पड़े बल्कि इसलिए था कि कम वक्त लगता था। बारायेव के 'ओरेनबर्ग अभियान' की रिपोर्ट 15 फरवरी, 1735 को लिखी गई। लाब्रेन्सोफ, ओवेचिननिकान और सुश्मिलोव द्वारा संपादित दो जिल्दों (1958 और 1965, मॉस्को) में भारत के साथ होनेवाले व्यापार के दस्तावेज प्रकाशित हुए हैं। इन दस्तावेजों में

सरकारी आदेश, कस्टम रजिस्टर के पन्ने, व्यापारियों के बहीखाते और भारत के शासकों को भेजे गए पत्र संकलित हैं। इसी में है, 15 फरवरी, 1735 को लिखी गई, मारवाड़ी बारायेव के ओरेनबर्ग अभियान की रिपोर्ट।

इस रिपोर्ट को पढ़ते हुए, बल्कि सुनते हुए रोमांच हो रहा था। पढ़ तो अनिल रहे थे, और हिन्दी में अनुवाद हाथ के हाथ करते जा रहे थे, मैं बारायेव के बारे में सोचता भी जा रहा था, अनिल के बोले की इमला भी ले रहा था...

बारायेव अपने आपको 'मुगलों द्वारा शासित दिल्ली का निवासी' बताते हुए, अपने सरीखे दिल्ली वालों द्वारा व्यापार के लिए अपनाए जाने वाले चार रास्ते, उनमें लगने वाले समय के साथ बताता है—'पहला दिल्ली से कंधार—ऊँटों, घोड़ों के कारवाँ के लिए डेढ़ महीने का रास्ता, कंधार से अस्त्राखान के लिए तीन महीने और, सो, कुल मिलाकर साढ़े चार महीने। दूसरा—दिल्ली-काबुल-बुखारा...दिल्ली से काबुल 45 दिन, काबुल मुगल भारत की सीमा है। काबुल से बुखारा दो महीने, बुखारा के पास हीबा तक, फिर उसके बाद कैस्पियन सागर पार कर, अस्त्राखान 45 दिन—कुल साढ़े तीन महीने। व्यापारी माल ऊँटों-घोड़ों पर, आम तौर से एक आदमी के साथ दो-तीन घोड़े। तीसरा—दिल्ली से तत्ता बंदर पहुँचने में तीन महीने, तत्ता से 60 मील समुद्र, वहाँ से ईरानी धरती...या मचेली या बंदर अब्बास, वहाँ से इस्फहान जाने में दो महीने, और वहाँ से अस्त्राखा नबीस दिन, यानी कोई छह महीने; और, चौथा—दिल्ली से कलात चार महीने। वहाँ से किरमन(फारस) 45 दिन, किरमन से कसान 55 दिन, कसान से इस्फहान 5 दिन, इस्फहान से अस्त्राखान 20 दिन-यानी कोई आठ महीने।

साथ दिए गए नक्शे में बारायेव के बताए रास्ते देखे जा सकते हैं। तत्ता कराची के पास है। आजकल मानकर चला जाता है कि ब्रिटिश-पूर्व भारत का जो भी आयात-निर्यात पश्चिमी तट से होता था, उसका एकमात्र केंद्र सूरत था, जबकि वास्तव में, भारतीय व्यापारी सूरत से अधिक नहीं, तो लगभग उतना ही प्रयोग इस बंदरगाह का किया करते थे। बारायेव की रिपोर्ट पढ़ते वक्त ही, इल्या वसीलिविच ने ध्यान दिलाया, अस्त्राखान की ओर दक्षिण भारत से कोई व्यापारी नहीं आता था।

बारायेव के बताए रास्तों में लगनेवाले समय में केवल यात्रा का नहीं, बीच के बड़े नगरों में कुछ खरीद-फरोख्त का भी समय शामिल है। व्यापारी

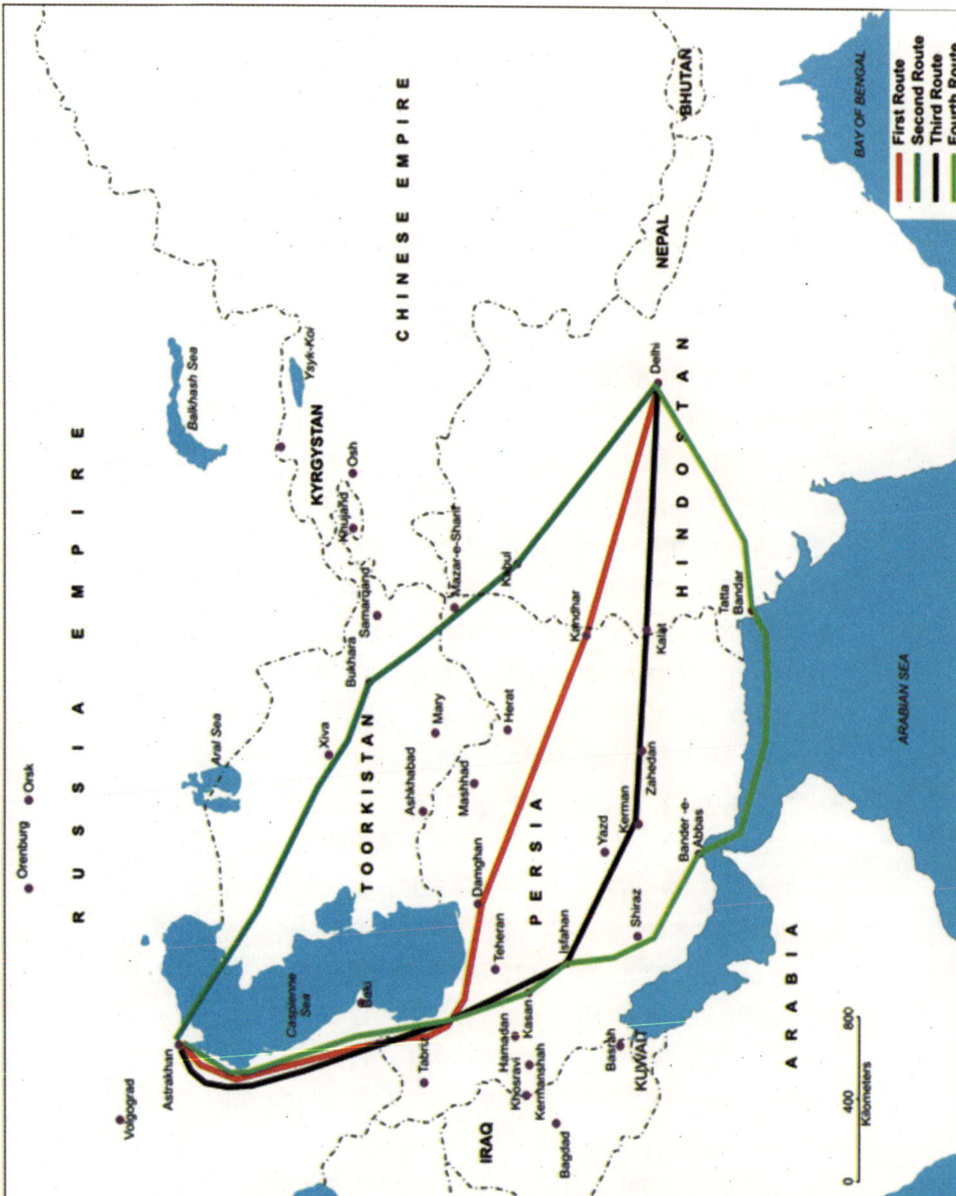

मारवाड़ी बारायेव के बताए भारत-अस्त्राखान के चार व्यापार-मार्ग

समुद्र–यात्रा कम करते थे, तो किसी धार्मिक निषेध के नैष्ठिक पालन के कारण नहीं, बल्कि इस कारण कि खुश्की के रास्ते में खरीद–फरोख्त तो की ही जा सकती थी, यह समुद्री रास्ते की तुलना में सुरक्षित भी अधिक था; और फिर हीबावाले रास्ते में भी कैस्पियन सागर तो वे पार करते ही थे, भले ही रास्ता कुल मिलाकर खुश्की से ज्यादा गुजरता था।

यह दूसरा दिन भी अब बीत चला था। कल हमें चले जाना है, अस्त्राखान से, सही कहा था अनिल की कविता ने, 'खोज कठिन है'...सचमुच कठिन है, लेकिन कोशिश करने पर अंसभव तो नहीं लगी। कितना कुछ मिला, बारायेव के बारे में जितना जान सके. शायद अगली बार उससे ज्यादा जान सकें। कुछ शायद फतेचन्द और मगुनलाल के बारे में भी मालूम पड़े। इन दस्तावेजों में भारतीय व्यापारियों के इतिहास की झलकें देखते–देखते एकाएक वोल्गा का तट याद आने लगा जहाँ हम कल खड़े थे। मॉस्को सरकार की चिंता की दो धाराएँ थीं। एक तो यह कि भारत के साथ रूस का व्यापार बढ़ाया जाए, दूसरी यह कि रूसी व्यापारियों को उस प्रतियोगिता से बचाया जाए जो उन्हें भारतीय व्यापारियों के साथ करनी पड़ती थी। भारतीय व्यापारी इन दो धाराओं के बीच द्वीप की तरह थे, धीरे–धीरे दोनों धाराएँ मिल गईं, रूस के अपने व्यापारियों की हित–रक्षा की धारा भारत के साथ व्यापार बढ़ाने की चिंता की धारा को अपने में समोकर आगे बहने लगी। मॉस्को सरकार की चिंता की इन दोनों धाराओं के एक हो जाने ने भारतीय व्यापार के द्वीप को निगल लिया, साथ ही बारायेव मारवाड़ी और न जाने कितने मारवाड़ियों, मुलतानियों और गुजरातियों के व्यापार के साथ ही उनकी पहचान को भी। बारायेव ने लगातार सिर चली आ रही मुसीबतों से बचने के लिए ईसाइयत अपना ली थी। अन्य हिन्दू भी ऐसा करने को मजबूर हुए ।

बारायेव के ओरेनबर्ग अभियान की रिपोर्ट पढ़ते समय एक और बात ध्यान आ रही थी। अस्त्राखान के हों या अहमदाबाद के, भारतीय व्यापारी खासे 'रेशनल' ढंग से, 'डबल एंट्री एकाउंटिंग' करते थे। हुंडी जैसे दस्तावेज के जरिये दुनिया भर में कारोबार करते थे। रोजमर्रा के व्यापार का ऐसा व्यवस्थित दस्तावेजीकरण करनेवाले भारतीय अपनी यात्राओं का अपने अनुभवों का दस्तावेजीकरण क्यों नहीं करते थे? अपनी व्यक्तिगत स्मृतियों को संस्मरण या यात्रा–वृत्तांत और सामूहिक स्मृतियों को इतिहास का रूप

क्यों नहीं देते थे?

ये लोग महत्त्वपूर्ण, लोकप्रिय, उपयोगी या अपनी पसंदीदा पुस्तकों की पांडुलिपियाँ तैयार करते थे, लेकिन अपनी ओर से कुछ नहीं लिखते थे, जबकि यह रोचक है कि एक या दो यूरोपियन भी भारत या दुनिया के किसी हिस्से में पहुँचें तो विवरण लिखते थे। भारतीय व्यापारी और उनके साथ पुरोहित, साधु, ज्योतिषी जैसे लोग एक ओर कंपूचिया, दूसरी ओर ईथियोपिया तक आते-जाते रहे, इन देशों के बारे में, अपनी यात्राओं के बारे में लिखा नहीं।

स्वयं अस्त्राखान के हिन्दू पांडुलिपियाँ तैयार किया करते थे। हमें बताया गया कि 9 पांडुलिपियाँ आज तक सुरक्षित हैं। 6 संस्कृत में, 3 हिन्दी में, सबकी लिपि देवनागरी है; हालाँकि इन्हें देखने का मौका नहीं मिला। इनके अलावा कुछ पांडुलिपियाँ तकरी और लंदा लिपि में भी बताई जाती हैं। इन पांडुलिपियों में वेद, उपवेद और पुराण शामिल हैं।

ये पोथियाँ देख नहीं पाया। फिर से जाना ही है अस्त्राखान। कौन जाने इनमें से कोई पोथी किसी तरह का व्यक्तिगत विवरण देनेवाली डायरी या सफरनामा भी हो! आखिरकार 'अकथ कहानी प्रेम की...' पर काम करते हुए, जोधपुर के राजस्थान ओरियंटल रिसर्च इंस्टीट्यूट में, मारवाड़ से ओडीशा तक की यात्रा करने वाले फतेसिंह का सफरनामा भी तो सर्वथा अनपेक्षित रूप से ही मेरे सामने प्रकट हो गया था।

यह भी ध्यान रखना चाहिए कि लिखित रूप में इतिहास न रखने का अर्थ ऐतिहासिक स्मृतियों से और उन्हें व्यापक संदर्भ में रखकर उनका अर्थ निकालने की कला से वंचित होना नहीं है। पुराणों को ऐतिहासिक स्मृतियों के ऐसे दस्तावेजों के रूप में पढ़ा ही जा रहा है, जिनमें ऐतिहासिक स्मृतियाँ एक तरह के नैतिक-दार्शनिक परिप्रेक्ष्य में रखी गई हैं। लेकिन फिर भी यह सवाल तो बना ही रहता है कि किसी घटना या अनुभव को—वह व्यक्तिगत हो या सामूहिक—लिखित दस्तावेज का रूप देने में हिन्दुओं की रुचि क्यों नहीं थी?

क्या इसलिए कि हिन्दू चित्त को, किसी सामाजिक अनुभव की स्मृति से जो सीखने योग्य है, उसे मौखिक परम्परा के जरिये अगली पीढ़ी के संस्कारों तक पहुँचा देना ज्यादा सुहाता था। सोच शायद यह थी कि जो सीखने योग्य है, वह सीख लिया, अब क्या अतीत की स्मृतियों में बार-बार प्रवेश करना!

इस चित्त के लिए उतना ही अतीत महत्त्वपूर्ण था जितना स्मृति की खिड़की से वर्तमान के कमरे में झाँकता रहे। अपने मन के घर में अतीत का अलग से कमरा बनाने की क्या जरूरत?

यह चित्त शायद मानता था कि जीवन जितना है, भरपूर है। उसे जिया जाए इसी पल...क्योंकि अन्ततः तो सब माया है। जब तक इसमें हैं, इसे जीना है, मरणोपरांत शुरू करना है एक नया जीवन। और नये की शुरुआत जितनी नई हो उतना ही अच्छा। जितनी सीख जरूरी है, उतनी तो अतीत खिड़की से झाँक-झाँककर देता ही रहेगा। इतिहास के जितने सबक जरूरी हैं, वे रोजमर्रा की जिन्दगी में परम्परा की गतिशीलता की राह चलकर आ ही जाएँगे। ऐसी सोचवाला इनसान और उसका समाज जानता था कि जीवन-धारा का जल वापस नहीं लौटता, और इसीलिए मानता था कि अतीत को लिखना उसे फिर से जीना, वर्तमान से कटना; जाने-अनजाने अतीत पर वर्तमान को और वर्तमान पर अतीत को आरोपित करना है। सो, वह अपनी और अपने पुरखों से सुनी उनकी कहानियाँ सुना देगा जीवन-साथी को, बेटे-बेटी और उनकी संतानों को। गीत गाएगा, भजन करेगा, इस तरह वह परम्परा से चले आ रहे पुराण में अपना योगदान जरूर करेगा, लेकिन 'इतिहास' नहीं लिखेगा।

अतीत को दस्तावेजीकृत इतिहास की बजाय परम्परा या पुराण बनाकर सन्तुष्ट रहने वाले इस समाज की सोच शुद्ध दार्शनिक धरातल पर उचित मानी जाए या अनुचित, उस समाज के लिए ऐतिहासिक रूप से तो घातक ही सिद्ध हुई है। और, 'शुद्ध' दार्शनिक धरातल पर भी, स्मृतियों के दस्तावेजीकरण की उपेक्षा करने की सांस्कृतिक रीति को कम से कम मैं उचित नहीं मान पाता।

कुल तीन दिन बिताए, इस बार अस्त्राखान में। दस की भोर पहुँचे थे, तेरह की देर दोपहर निकलना है। तेरह यानी कल...येरेवान और यहाँ बिताए इस सप्ताह में फेसबुक के जरिये दोस्तों से संवाद लगातार बना रहा। बिना नागा के रोजनामचा लिखा जाता रहा। दोस्त लोग हौसला बढ़ाते रहे। इस आखिरी दिन मैंने लिखा :

'दुनिया के कई शहरों में दो दिन से लेकर दो महीने तक बिताए हैं, लेकिन वापसी के वक्त ऐसा भारी मन केवल मेक्सिको से लौटते वक्त हुआ था, लेकिन वहाँ तो डेविड थे, यहाँ अस्त्राखान में कोई स्थानीय मित्र नहीं,

रूसी भाषा का एक वाक्य समझ नहीं सकता...फिर भी न जाने क्यों...

फिर वापस आने की आरजू के साथ लौट रहा हूँ अस्त्राखान से...आरजू जो एक तातारी शब्द है...तातार जिनके साथ अस्त्राखान के इंजित्सकी (भारतीयों) के सबसे घनिष्ठ सम्बन्ध बने थे...'

और, यह लिखने के दो ही घंटे बाद मैं यह स्टेटस फेसबुक पर लिख रहा था :

'दो घंटे पहले लिखा था, अस्त्राखान में कोई स्थानीय मित्र नहीं, फिर चले गए शहर की शाम छूने...जोया जी का फोन आया, अनिल से मेरी तबीयत के बारे में पूछ रही थीं, क्योंकि आज दोपहर में उनकी क्रूप्सकाया सिटी लाइब्रेरी में काम करते हुए दो-एक बार छींक आ गई थी...पछता रही थीं कि मेरे लिए फौरन दवा का इंतजाम क्यों नहीं किया...

सो, अब यहाँ भी एक दोस्त, हालाँकि एक दूसरे की जबान नहीं जानते हम...लेकिन जिज्ञासा की, सरोकार की जबान तो है ही...

शुक्रिया जोया अलेक्सान्द्रवना, स्पासीबा, दस्वीदानिया!'

और फिर, तेरह सितम्बर को...यह अस्त्राखान से मॉस्को की फ्लाइट थी, शाम की शुरुआत। यह पहला मौका था इस तरह के मजेदार अकेलेपन का। इकानामी क्लास के सारे यात्रियों के जाने के बाद अचानक अहसास हुआ कि बिजनेस क्लास में अकेला यात्री मैं ही हूँ। भरी होतीं तो सीटों का स्याह इकरंगापन कपड़ों के; और लोगों के भी रंग-बिरंगेपन से ढक जाता। काली रैगजीन से मढ़ी सीटें आरामदेह तो थीं लेकिन उनकी स्याही इकट्ठी होकर हलकी-हलकी दूधिया रोशनी पर भारी-सी पड़ रही थी। जिन एयर-होस्टेसों ने विमान में घुसते ही स्वागत किया था, उनकी यूनिफॉर्म के शोख नारंगी रंग के आस-पास होने के अहसास ने जरूर सीटों के रंग की स्याही को कुछ कम किया। लैपटाप लगेज-लॉकर के हवाले कर, बैठ ही रहा था कि मेरी नजर एकाएक बाहर की ओर गई, सूरज छुट्टी कर धीरे-धीरे घर जाने के मूड में... हवाई जहाज की खिड़की से सूर्यास्त कुछ अलग दिखता है। लगता है, जैसे आप यहाँ दौड़ रहे हैं और कुछ दूर दौड़ रहा है कोई दोस्त सारी दीवार पर ब्रश से केसरिया रंग करता हुआ। सूरज का रंग किसी एक जगह डूबता हुआ लगता ही नहीं, एक लंबी सी लकीर के समानांतर चले जाते हैं आप।

वह क्षितिज यदि दीवार हो और नारंगी रंग की यूनिफॉर्म पहने एयर-होस्टेस उसके समानांतर दौड़ रही हो तो भी शायद दूर से ऐसी ही लकीर दीवार पर खिंचती दिखेगी।

मेनू में एयरोफ्लोट की एक स्पेशल वाइट वाइन का जिक्र था; सोचा, पता नहीं इतनी कम दूरी की घरेलू उड़ानों में सर्व करते भी होंगे या नहीं...वैसे भी आप मानें ना मानें; आलम अभी तक यही है कि फाइव स्टार होटल हो या हवाई जहाज...बंदे को ठेठ मध्यवर्गीय कस्बाई किस्म का डर लगता है, एग्जीक्यूटिव क्लास में तो और भी ज्यादा। पता नहीं, अपनी कौन-सी बात गुस्ताखी मान ली जाए और एयर होस्टेस बहनजी उड़ते हवाई जहाज का दरवाजा खोलकर अपन को बाहर का रास्ता दिखा दें! साठ के दशक की फिल्म 'राम और श्याम' में दिलीप कुमार देहाती राम के अवतार में शहर के एक रेस्त्राँ में जाते हैं और भर्राई, काँपती आवाज में खाने को कुछ माँगते हैं, उसी तरह अपन ने कहा,"क...क...कैन आई हैव दिस वाइट वाइन..."

"एंड वाय नॉट, सर...यू आर अवर स्पेशल गेस्ट टुडे...दि ऑनली पैसेंजर इन दिस क्लास..."

मेरी घबराहट उसकी अनुभवी निगाहों से छुपी थोड़े ही रही होगी। वह थी कोई चालीस साल की महिला। देह एकदम कसी हुई, उम्र का अहसास केवल त्वचा से, जिसे जबरन कमउम्र दिखाने की कोशिश नहीं की गई थी। पकते बालों को रँगने की कोई कोशिश नहीं की थी उसने। नारंगी रंग की ट्यूनिक के नीचे से झाँकता सफेद शर्ट का गला, जिसके ऊपर स्कार्फ के कोने में धागे से कढ़ा 'एयरोफ्लोट' पढ़ा जा सकता था। टाइट स्कर्ट। आत्म-विश्वास छलकाती फुर्तीली देह। मेकअप बहुत ही कम बोलता हुआ।

मेरी घबराहट ने आत्म-विश्वास से भरी उस महिला को मन ही मन हँसाया तो होगा ही...

इस भोंदू यात्री को उसकी माँगी वाइन सर्व कर पाने का सुख, इतनी हिचक के साथ कुछ माँग रहे मनुष्य को कुछ दे पाने का सुख उसकी अतिरिक्त फुर्ती में बदला। गई, वाइन लेकर आई, मेरी टेबल पर रखने को झुकी और उसी अतिरिक्त चपलता से सीधी हो ही रही थी कि...सर का पिछला हिस्सा लगेज-लॉकर से टकराया, ज्यादा चोट तो खैर नहीं लगी, फिर भी...मुँह से सिसकारी तो निकल ही गई...

मेरा हाथ बस अपने आप उसके सिर के चोटिल हिस्से पर जा पहुँचा, हौले-हौले उसे दबाते हुए, राहत देने की कोशिश करते हुए...बहुत मुलायम थे उसके बाल। उनके घनेपन को पार करता मेरा स्पर्श उसे शायद जितनी राहत दे रहा था, उससे कहीं ज्यादा दे रहा था अपरिभाषित दोस्ती का अहसास। मैं सोच-समझ कर कुछ नहीं पहुँचा रहा था; न कोई सभ्य संकेत न कोई भद्दा इशारा। मेरा हाथ तो बस सहज अधिकार से, बचपन की किसी दोस्त के दीवार से जा टकराए सर को दबा रहा था कि चल कोई खास चोट नहीं है, ले यह ठीक हो गया दर्द, आ फिर से शुरू करें खेल...दो पल वैसे ही झुकी खड़ी रही, मेरे स्पर्श को लेती हुई, उन दो पलों में होंठों से केवल मुस्कान के जरिये कहती हुई...थोड़ा-सा और दबाओ न प्लीज, अच्छा लग रहा है, फिर खेलते हैं...

मेरा हाथ जिस पल उसके सर की ओर बढ़ा, उस पल बुरा या अटपटा लगा हो उसे शायद। हो सकता है, उसने ट्रेनिंग के सबक याद किए हों कि अनावश्यक दोस्ती गाँठने की कोशिश करनेवाले यात्रियों को सभ्य और संयत तरीके से कैसे निपटाया जाए...

लेकिन मेरी आँखों में कुछ रहा होगा, मेरी सकुचाई हुई सी मुस्कान में कुछ रहा होगा कि उसके होंठों पर भी वैसी ही निश्छल मुस्कान खिल गई। उसी मुस्कान ने तो उसकी देह से कहा कि झुकी रह और मुझसे कहा कि दो पल और रखे रहो अपनी अँगुलियों का स्पर्श मेरे सर पर...

जो वाइन वह देकर गई थी, वह कहने को वाइट वाइन थी, लेकिन असल में उसकी रंगत सुनहली थी। सीटों के जिस स्याह रंग से कुछ ऊब हुई थी, उस पर जैसे सुनहली टुकड़ियों ने हल्ला-सा बोल दिया था। खिड़की के बाहर सूर्यास्त का रंग, एयर-होस्टेस की यूनिफॉर्म का रंग और अब इस वाइन का रंग...और स्वाद सचमुच अनोखा, ऐसा कि जीभ पर रखे रहने का ही मन करे, हलक के नीचे उतारने का जी न करे...

दो घंटे की फ्लाइट के बाद उस महिला को कभी नहीं देखा, देखूँगा भी कहाँ और क्योंकर...सच यह है कि देखूँ भी तो पहचान नहीं पाऊँगा। वह भी मुझे नहीं पहचान पाएगी। चेहरा नहीं; याद है तो, केवल वह दोस्ती-भरी, अधिकार-भरी झुकन याद है, केवल वह कृतज्ञ मुस्कान याद है, और ताउम्र रहेगी। उसके चोटिल सर का स्पर्श याद है। मेरी अँगुलियों के हल्के दबाव

से जो राहत उसे पहुँची होगी, उस राहत की कल्पना याद है। राहत पहुँचाने की कोशिश और उस कोशिश को लिए जाने की सहजता का स्पर्श अभी भी अनामिका और मध्यमा पर कौंध जाता है बीच-बीच में।

मेरे भोंदूपन को, वाइन माँगने में मेरी हिचक को प्यार से समझा तुमने... शुक्रिया...शुक्रिया कहा था मैंने अपनी इन दो उँगलियों से। मेरी उँगलियाँ तुम्हारे सर पर जा पहुँचीं सहज भाव से...इसके लिए शुक्रिया कहा था तुम्हारी मुस्कान ने...एक शब्द भी न तुम्हारे मुँह से निकला था न मेरे मुँह से...

उसके दर्द को थोड़ा-सा क़म कर पाने का, दर्द के पल में किसी के साथ हो पाने का यह संतोष रोजमर्रा की जिन्दगी के धुँधले विस्तार में चमक उठता है कभी-कभी। जुगनुओं की सुनहली कौंध के मानिन्द...जब बहुत घिर जाता हूँ अपने और दूसरों के छोटेपन, खुंदकों, झल्लाहटों और ट्रेड-ऑफ रिश्तों के अँधेरों से, तब ये जुगनू चमककर याद दिलाते हैं वह मुस्कान।...वह चेहरा जो वैसे याद में नहीं है, इन जुगनू पलों में अपनी याद आप रच लेता है; अँधेरा कुछ कम लगता है। मन करता है इन अँगुलियों पर, इन हाथों पर इन यादों में; ऐसे और भी जुगनू झिलमिलाएँ...।

आसमान में उन खामोश, मुस्कराती आँखों से सुनी वह मौन आवाज आसमानी आवाज बनकर गूँज उठती है मेरे मन में—स्पासीबा...

और वहीं से, मेरे मन के मौन से आता है जवाब भी—स्पासीबा, दस्वीदानिया...!

❑❑❑